Annette Jantzen

Coffee to go mit Gott

echter

Bibliografische Information der Deutschen Nationalbibliothek

Die Deutsche Nationalbibliothek verzeichnet diese Publikation in der Deutschen Nationalbibliografie; detaillierte bibliografische Daten sind im Internet über http://dnb.d-nb.de abrufbar.

Gedruckt auf umweltfreundlichem, chlorfrei gebleichtem Papier.

3. Auflage 2026

Echter Verlag | Dominikanerplatz 8 | 97070 Würzburg
Tel. 0931 66068-0 | info@echter-verlag.de | www.echter.de

Umschlag: Vogelsang Design, Jens Vogelsang, Aachen
Umschlagfoto: ©Julia Würtz
Innengestaltung: Crossmediabureau
Druck und Bindung: Friedrich Pustet, Regensburg

ISBN
978-3-429-05853-1
978-3-429-05249-2 (PDF)
978-3-429-06598-0 (ePub)

Inhalt

Einleitung

Ein Jahr ist es nun her, dass mein Buch „Wenn Gott zum Kaffee kommt“ erschienen ist, in dem ich von meinen ersten Gesprächen mit Gott erzähle. Auch danach war ich mit solchen Zwiegesprächen unterwegs: Als Zeitschriftenbeiträge, als Impulse bei Kinder- und Jugendverbänden, für die ich bis Sommer 2022 Geistliche Leiterin war, bei Andachten oder Tagungen. In diesem Band spiegeln sich nun komprimiert die Ereignisse von Herbst 2021 bis Winter 2022 wider: vom ungewissen Corona-Winter zum Ukrainekrieg, mit Debatten über Klimaschutz und die fortdauernde notwendige Beschäftigung mit dem Skandal der sexuellen Gewalt in der Kirche und der schwierigen Aufarbeitung.

Wie im ersten Band auch sind die Geschichten für konkrete Themen, Anlässe und Gruppen geschrieben, sie verhandeln theologische Themen in Bezug auf die Aktualität dieser Anlässe und Gruppen und sprechen doch auch über diese Aktualität hinaus und können beim Lesen, Zitieren, Weiterverwenden in neue Zusammenhänge gebracht werden.

Die Anordnung der Geschichten folgt auch diesmal annähernd der Reihenfolge ihres Entstehens. Ob für Gott männliche oder weibliche grammatikalische Formen gelten, ist weiter offen. Darum kommen solche eindeutigen Formen in der Verschriftlichung der Gespräche auch nicht vor.

Auftakt

„Coffee to go?“, fragt Gott.

„Ja, gern“, sag ich. „Wie gut, dass ich neulich gleich zwei von den Pfandbechern gekauft hab.“

„Das stimmt“, sagt Gott. „Vorbereitet zu sein kann echt nützlich sein.“

„Wo soll es denn hingehen?“, frag ich.

„Durch Aachen natürlich“, sagt Gott. „Und wo du sonst noch so rumturnst. Da vorne ist ein Laden mit Kaffee.“

„Kaffee ist voll dein Ding, oder?“, sag ich.

„Ich kann auch anders“, sagt Gott und lächelt. „Aber ich muss nicht. Und ich stell mich gern auf dich ein.“

„Das ist nett von dir“, sag ich. Wir gehen in die nächste Bäckerei und ich bestelle uns zwei Kaffees. Mit den Bechern gehen wir an den Elisenbrunnen und setzen uns auf die Stufen.

„Das ist jetzt eher ein Coffee to sit“, sag ich.

Gott lacht.

„Manchmal kommt es anders“, sagt Gott. „Immerhin sind wir zusammen und der Kaffee ist o. k.“

„Du wünschst dir, dass wir glücklich sind“, sag ich.

„Ja“, sagt Gott. „Auch das kommt manchmal anders.“

„Aber du bist dann da“, sag ich.

„Ja“, sagt Gott.

„Ändert das was?“, frag ich.

„Das zu überprüfen dürfte einigermaßen unmöglich sein“, sagt Gott. „Zumindest für dich.“

„Schade“, sag ich.

„Och“, sagt Gott. „Ich glaube nicht, dass euer Glück von so einer Untersuchung abhängt.“

„Da magst du recht haben“, sag ich. „Ich bin jedenfalls gern mit dir unterwegs. Den Becher kannst du behalten, auch wenn er leider nicht von der Feuerwehr ist.*“

„Danke“, sagt Gott. „Bis bald mal wieder.“

„Ja, bis bald mal wieder“, sag ich. „Und Amen.“

---

* Siehe „Christkönig“: Gottes Lieblingskaffeebecher ist von der Tombola vom Feuerwehrfest. Das ist aber eben ein Porzellanbecher und kein Pfandbecher für unterwegs.

Christkönig

„Christkönig" wird in der katholischen Kirche seit 1925 gefeiert, und zwar immer am letzten Sonntag vor dem Advent. An diesem Fest, das eine Eigenart der katholischen Kirche ist und von anderen Konfessionen nicht gefeiert wird, machen sich für mich – und vermutlich nicht nur für mich – Erfahrungen der eigenen Kirchenbiographie fest: die frühe Prägung, die Bereitschaft, sich auf ein religiöses Vokabular einzulassen, das seinen Anhalt in der Lebenserfahrung einer vergangenen Epoche hat, der Anspruch der Kirche auf Deutungshoheit über die eigenen Erfahrungen und das Gefühl von Verlust, wenn die Gebetstexte des Tages schließlich nicht nur fremd, sondern gegenläufig zu den eigenen religiösen Werten sind, weil Patriarchat statt Gleichberechtigung und Geltungsanspruch statt Bewahrheitung ins Wort gebracht werden.

„Ich glaube, jetzt musst du mal wieder von mir und dir erzählen", sagt Gott. „Anders kommst du diesem Fest nicht bei."

„Oh, guten Morgen, Gott", sag ich. „Du bist aber früh auf heute. Kaffee?"

„Espresso", sagt Gott.

„Doppelt, wie immer", sag ich.

„Ja", sagt Gott.

Ich stehe vom Schreibtisch auf und gehe zur Kaffeemaschine. Gott kommt mit und setzt sich auf den Tisch, wie immer.

„Christkönig war mal mein Lieblingsfest", sag ich und suche den „Wenn's mal brennt"-Becher von der Tombola beim Feuerwehrfest aus dem Küchenschrank heraus, der immer noch Gottes Lieblingskaffeebecher ist.

„Ich weiß", sagt Gott. „Warum?"

„Ich hab das gemocht", sag ich über das Rumoren der Kaffeemühle hinweg. „Schon den Namen. Das Absolute. Christus Sieger, Christus König, Christus Herr in Ewigkeit. An eine ganz andere Art von Herrschaft glauben. Zu einem König gehören. Der Glanz dabei. Gold im Novembergrau und so."

„Und jetzt suchst du nach Worten", sagt Gott.

„Ja", sag ich. „Weil es so billig wäre, auf unseren Pomp und unsere Herrschaftsstrukturen hinzuweisen, auf Macht und Gold und unsere blinden Flecken, wo es um die geht, die daran zerbrochen sind."

„Das versteh ich", sagt Gott.

Wir schauen zu, wie der Espresso in die Becher läuft.

„Dass du das aushältst, das alles", sag ich.

„Ach", sagt Gott. „Das gehört beim Gottsein eben dazu."

Ich balanciere die beiden Becher zum Tisch, setze mich neben Gott und lege meinen Kopf an Gottes Schulter. Gott streicht mir kurz über die Wange.

„Noch nicht, Herzchen", sagt Gott leise.

Ich setze mich wieder auf. Draußen wird der Himmel allmählich heller.

„Ich fände ein Christfeminist-Fest schön", sag ich.

Gott lächelt.

„Schokolade?", fragt Gott und hält mir einen Riegel aus einer etwas ramponierten Packung hin. „Schokolade ist gut zu Espresso."

„Gern", sag ich. „Danke."

„Und sonst so?", fragt Gott.

„Corona*“, sag ich.

„Oh“, sagt Gott. „Ja.“

„Wir suchen nach einem Weg in dieser Kack-Pandemie“, sag ich und lasse die Schokolade im Espresso anschmelzen. „Nach einem Ausweg. Vielleicht auch ein bisschen nach dir.“

„Ich seh das“, sagt Gott.

„Nach Schuldigen suchen wir auch“, sag ich.

„Ich weiß“, sagt Gott.

„Du vergisst uns nicht, oder?“, sag ich.

„Never“, sagt Gott.

„Dann ist es ja gut“, sag ich. „Bleibst du noch ein bisschen da?“

„Ja“, sagt Gott. „Eine Kaffeelänge. Wie immer.“

„O.k.“, sag ich. „Wie immer. Und Amen.“

---

* Ein Jahr später könnte man hier „Energiekrise“ einsetzen.

Advent

Das Gespräch fand zu Beginn des Advent 2021 statt, im zweiten Corona-Winter.

„Hey, du sitzt ja voll im Dunkeln“, sagt Gott und stellt mir von hinten einen Becher Punsch auf den Schreibtisch. „Möchtest du dir kein Licht anmachen?“

„Ach ja, stimmt“, sag ich und stehe auf, um zum Lichtschalter zu gehen. „Ist mir gar nicht aufgefallen. Und hallo erstmal.“

„Hallo“, sagt Gott.

Ich schalte das Licht an.

„Schon besser“, sagt Gott.

Gott setzt sich auf die Fensterbank und guckt herunter auf die Weihnachtsmarkt-Buden vor dem Haus.

„Soll ich fragen, wie es dir geht?“, fragt Gott.

„Lass mal lieber“, sag ich.

„Und der Advent so?“, fragt Gott.

„Ach“, sag ich.

„Die Kerze auch noch“, sagt Gott und wendet sich wieder zu mir. „Kerzen tun gut.“

„O.k.“, sag ich und krame in der Schreibtischschublade nach den Streichhölzern.

„So muss das“, sagt Gott, als die Kerze aufflackert. „Prost.“

Gott hat auch einen Becher Punsch in der Hand.

„Hast du den vom Glühweinstand entführt?“, frag ich.

„Kein Kommentar“, sagt Gott.

„Danke“, sag ich.

Wir schauen in die Kerze und ich nippe an dem noch sehr heißen Punsch.

„Der Weihnachtsmarkt findet statt", sag ich. „Aber zusammen singen geht noch nicht wieder. Ich würde das so gerne tauschen."

„Ja, das versteh ich", sagt Gott.

„Zusammen singen wäre so viel besser, als sich auf dem Weihnachtsmarkt zu verlieren", sag ich. „Ich vermisse das Singen so sehr. Das Zusammensein dadurch vor allem."

„Es ist gerade schwieriger als es auch schon so war, oder?", sagt Gott.

„Ja", sag ich. „Wir versuchen, es zu haben wie immer, aber es klappt nicht. Weil die Welt nicht wie immer ist."

„Das wäre aber in anderen Jahren auch so gewesen", wendet Gott ein. „Nur bei dir halt nicht. Oder es waren gute Veränderungen."

„Da magst du recht haben", sag ich. „Obwohl es auch Jahre mit schlechten Veränderungen gab. Aber das war dann nicht überall, verstehst du?"

„Ich glaub wohl", sagt Gott. „Du findest es schwerer, wenn nicht punktuell mal was passiert, sondern euch allen."

„Ja", sag ich. „Letztes Jahr war es schon so drückend. Aber da hatten wir gehofft, dass es nach dem Winter besser würde. Und jetzt ist alles so unabsehbar. Ob das jemals aufhört und wie schlimm es wohl wird und überhaupt."

Gott schaut mich an.

„Eigentlich ist das gar kein so falsches Setting für Advent", sag ich nach einer Weile. „Weil, frohe Erwartung ist ja leicht, wenn man schon weiß, dass bald alles tutti wird. Und jetzt wissen wir das halt nicht."

„Nein", sagt Gott. „Das wisst ihr nicht. Und Advent ist auch was anderes als ‚jährlich grüßt das Murmeltier'."

„Wie meinst du das?", frag ich.

„Ich bin dafür da, dass etwas Neues in die Welt kommt", sagt Gott.

„Ich hätte gerade lieber das Alte zurück", sag ich. „Von vor Corona."

„Das versteh ich", sagt Gott.

„Und du bist auch nicht dafür da, für uns alles gut zu machen", sag ich.

„Na jaaa", sagt Gott gedehnt. „Das ist schon auch meine Sache."

„Ach so", sag ich. „Machst du das auch?"

Gott lehnt die Stirn ans Fenster und schaut hinunter.

„Ich bin ja da", sagt Gott sehr leise. „Ich bin ja da."

Ich probiere nochmal einen Schluck Punsch. Jetzt ist er genau richtig warm.

„Du, Gott?", sag ich nach ein paar Schlucken.

„Ja?", fragt Gott, als ich nicht weiterspreche.

„Ach nichts, ist schon gut", sag ich. „Gut, dass du vorbeigekommen bist."

„Ja", sagt Gott.

Ich gebe Gott den Becher zurück.

„Kommst du bald wieder?", frag ich, als Gott von der Fensterbank klettert.

„Natürlich", sagt Gott. „Spätestens, wenn du die nächste Kerze anzündest. Und hier, zur Sicherheit."

Gott wirft mir im Gehen ein Päckchen Streichhölzer zu. Sie landen ziemlich genau mittig auf dem Schreibtisch.

„Danke“, sag ich.

„Bitte“, sagt Gott. „Bis bald mal wieder, und pass auf dich auf. Und auf die anderen auch, o.k.? So gut es halt geht.“

„O.k.“, sag ich. „So gut es geht. Bis bald mal wieder. Und Amen.“

Die Sache mit der Liebe

„Oh, Entschuldigung“, sagt Gott und macht Anstalten, einen Bogen zu gehen, um dem Hochzeitspaar nicht in den Weg zu laufen, das gerade Fotos im Elisengarten macht, in dem wir Kaffee trinken wollten.

„Macht doch nichts, wenn du mit im Bild bist“, sag ich. „Vielleicht freuen sie sich da später mal drüber.“

Gott lächelt.

„Gut mitgedacht“, sagt Gott, nimmt sich einen der beiden Coffee-to-go-Becher, die ich für uns getragen hatte, und hebt ihn wie zum Toast ins Bild, direkt hinter dem Paar, das erwartungsvoll in die Kamera schaut.

„Herzlichen Glückwunsch“, sagt Gott im Weitergehen über die Schulter und winkt noch kurz.

„Immerhin probieren deine Leute es immer wieder“, sag ich, als wir einen Platz auf den Stufen im Garten gefunden haben.

„Ach“, sagt Gott. „Die Welt ist voller Liebe, die ungesagt bleibt.“

„Wirklich?“, frag ich. „Und woran bemerkt man sie dann?“

„Na was ist denn Liebe für dich?“, fragt Gott zurück.

„Oh“, sag ich. „Liebe ist ein großes Wort.“

„Genau“, sagt Gott. „Und Hochzeitsoutfit und Fotos im Elisengarten sind auch nur eine Möglichkeit unter vielen. Und danke für den Kaffee.“

„Bitte“, sag ich. „Aber ich dachte, du wärst für Verbindlichkeit.“

„Bin ich ja auch“, sagt Gott. „Ich bin dafür, dass ihr es gut miteinander meint.“

„Aber?“, frag ich.

„Kein Aber“, sagt Gott. „Höchstens dass du zur Kenntnis nehmen könntest, dass Liebe noch ein paar mehr Formen annehmen kann.“

Wir schauen dem Paar nach, als es zum nächsten Fotopunkt vor dem Brunnengebäude weiterzieht.

„In der Kirche gibt es nicht so viele Formen“, sag ich. „Sagen jedenfalls die, die es für alle vorgeben wollen.“

„Ja, leider“, sagt Gott.

„Wir übersehen dabei so viel Liebe“, sag ich.

„Und ihr macht Leuten das Leben unnötig schwer“, sagt Gott. „Was am Sinn der Sache sehr vorbei ist, übrigens.“

„Wir lernen noch“, sag ich. „Aber es ist mühsam. Vor allem, wenn auch noch die kämpfen müssen, denen das Leben so schwer gemacht wurde.“

„Und wird“, sagt Gott.

„Ich wünschte mir, meine Leute würden sich eine längere Lernzeit nehmen“, sag ich, „und in der Zwischenzeit keine Antworten geben auf Fragen, die niemand gestellt hat.“

„Eure Diskussionen sind nicht so richtig ergiebig, oder?“, sagt Gott.

„Schlimmer“, sag ich. „Sie verletzen Leute noch mehr, und manche verstehen gar nicht, warum. Das ist wie mit den Frauen, ich erzähl von Verletzungen und andere sagen, hey, cool down, es ist doch ’ne sachliche Debatte. Für mich aber nicht.“

„Sachlich bleiben ist halt einfach, wenn es einen nicht direkt betrifft“, sagt Gott.

„Und sachlich bleiben kann auch sachlich falsch sein“, sag ich. „Besonders wenn es um die Seele und ums Glauben und Lieben geht.“

„Ja“, sagt Gott.

„Und du bist auch nicht immer sachlich“, sag ich.

„Nee“, sagt Gott. „Ich bin doch göttlich.“

Ich lache.

„Und bist du auch lieblich?“, frag ich.

Gott verschluckt sich am Kaffee, hustet und lacht dann auch.

„Du kommst echt immer auf Fragen, ey“, sagt Gott.

„Besser Fragen als Antworten, wie du gesagt hast“, sag ich.

„Heimatland“, sagt Gott.

Ich kichere und trinke dann meinen Kaffee aus. Gottes Becher ist schon leer.

„So“, sagt Gott und steht auf. „Ich zieh mal weiter.“

„Wo gehst du hin?“, frag ich.

„Ach, hierhin und dorthin“, sagt Gott leichthin. „Und danach vielleicht noch zum Bahnhof. Gucken, dass bei der Bahnhofsmission alles im Lot ist, und so. Und du?“

„Ich geh nach Hause“, sag ich. „Mein Rudel versorgen.“

„O.k.“, sagt Gott. „Wir sehen uns wieder.“

„Ja, das glaub ich auch“, sag ich. „Bis dahin. Und Amen.“

Osterhoffnung

„Streuselbrötchen sind was Gutes“, sagt Gott.

Gott und ich sitzen auf den Stufen vom Vinzenzbrunnen auf dem Münsterplatz, essen Streuselbrötchen und gucken der Magnolie am Dom beim Blühen zu. An der Ecke zum Domvorplatz spielt der Akkordeonspieler.

„Und bald ist Ostern“, sag ich.

„Ich weiß“, sagt Gott. „Für euch jedenfalls.“

„Als ich klein war, taten mir die Leute immer leid, die Ostern nicht hatten“, sag ich. „Weil sie dann ja auch kein Leben nach dem Tod hatten.“

„Das ist niedlich, aber auch ein bisschen verstörend“, sagt Gott.

„Und ich dachte, die jüdischen Leute hätten quasi nur so ein Vorgeplänkel mit dir und kein Ostern, und das richtige hätten nur wir“, sag ich.

„Das ist dann schon ziemlich verstörend“, sagt Gott. „Woher hattest du das denn?“

„Das klang immer so“, sag ich. „Als sei vor Jesus mit dem Tod alles aus gewesen. Ich fand das unfair für die davor.“

Gott guckt.

„Ich hatte ja auch immer gedacht, im Vaterunser hieße es ‚und bewahre uns vor den Bösen‘, und die haben mir leidgetan“, sag ich. „Ich hab jedes Mal gedacht, die armen Bösen.“

Gott lacht. „Ach je“, sagt Gott.

„Weil ja kein Wunder ist, dass die so böse sind, wenn niemand sie mag“, sag ich.

„Es war ein langer Weg“, sagt Gott.

„Ja“, sag ich. „Und das ist ja auch schwierig mit den beiden Ausgängen der Schrift*.“

„Für euch“, sagt Gott.

„Ja“, sag ich. „Zumindest schwierig zu fühlen. Die Theorie ist nicht so das Problem.“

„Da sagst du was“, sagt Gott. „Und nicht nur bei den zwei Ausgängen der Schrift.“

„Und du zeigst dich ja schon sehr unterschiedlich“, sag ich.

„Klar“, sagt Gott. „So bin ich.“

„Und wir möchten auf jeden Fall glauben, dass wir uns auf Ostern verlassen können“, sag ich.

„Natürlich könnt ihr das“, sagt Gott. „Aber es ist halt kein Kasperletheater, wo man nur kurz mal nach unten verschwindet und wieder auftaucht.“

„Wir möchten uns das halt vorstellen können“, sag ich.

Wir schweigen eine Weile.

„Meinst du, es gibt das Leben und den Tod und du bist hinter beiden?“, frag ich.

„Schon ganz gut“, sagt Gott. „Und es gibt Streuselbrötchen. Die schmecken nach Leben in Fülle.“

„Für uns“, sag ich. „Woanders findet man das vielleicht eher seltsam.“

„Und die Magnolie gibt es auch“, sagt Gott.

„Ja“, sag ich.

Gott faltet die Brötchentüte zusammen.

---

* „Die zwei Ausgänge der Schrift“ ist eine Denkfigur, um die bleibende Wahrheit des jüdischen Glaubens auf Grundlage des ersten/„alten“ Testaments mit dem christlichen Glauben an Jesus Christus und die Geltung des zweiten/„neuen“ Testaments übereinzubringen.

„Gibst du dem Akkordeonspieler noch einen Euro, bevor du gehst?“, fragt Gott.

„Kein Problem“, sag ich.

„Danke“, sagt Gott. „Dann habs mal gut. Bis bald mal wieder, und Amen.“

Keine Schafe

„Bist du eigentlich gern in der Kirche?“, fragt Gott, als ich gerade meinen Blick über die Deckengewölbe schweifen lasse.

Ich zucke zusammen.

„Sorry“, sagt Gott. „Ich wollte dich nicht erschrecken.“

„Schon gut“, sag ich. „Ich war nur gerade so in Gedanken. Was hast du gesagt?“

„Ob du gern in der Kirche bist“, wiederholt Gott.

„Manchmal“, sag ich.

„Na das ist ja mal eine erhellende Antwort“, sagt Gott.

„Das war aber auch keine ganz einfache Frage“, sag ich. „Also, ich mag die hohen Decken und wenn das Licht durch farbige Fenster fällt. Dann fühl ich was davon, wie groß und bunt dein Leben ist. Und darum mag ich nicht, wenn die Bänke so unbequem sind. Und du?“

„Ich hab es gern, wenn ihr in der Kirche auf andere Gedanken kommt“, sagt Gott.

„Ja“, sag ich. „Und ich hab gerade überlegt, dass ich beides mag, hohe weite Kirchen und ganz kleine, einfache. Ich mag die Details, wo ich was davon sehen kann, wie Leute von früher mit dem Raum umgegangen sind. Wenn man sieht, wo umgebaut wurde und so. Oder das kleine Denkmal für den Dombaumeister im Straßburger Münster, der vor hundert Jahren die Restaurierung verantwortet hat und jetzt unten an der Säule den ganzen Turm trägt. So was find ich toll. Aber ich finde es blöd, wenn der Raum für mich festlegen will, wo und wie ich dir nah sein darf und wo und wie nicht. Und was ich von dir glauben soll."

„Verständlich", sagt Gott.

„Ein paar Männer bei uns sagen, dass es immer um dich und ums Dienen geht", sag ich. „Aber der Kirchenraum sagt, dass es sich von einem besonders gepolsterten Stuhl aus anscheinend besonders gut dient."

Gott lacht.

„Außerdem haben die Hirtenstäbe, die noch nie ein Schaf irgendwo herausgerettet haben", sag ich.

„Ich finde das Wort ‚Oberhirte' wirklich witzig, wenn man mal drüber nachdenkt", sagt Gott.

„Und trotzdem bauen wir Kirchen", sag ich. „Und feiern dich nicht auf einer Weide."

„Ihr braucht was Festes", sagt Gott. „Ist ja auch praktischer, wenn mal Matschwetter ist. Außerdem seid ihr keine Schafe, soweit ich weiß."

„Aber du magst Schafe", sag ich.

„Na hör mal", sagt Gott. „Klar mag ich Schafe. Schafe sind super. Aber ihr seid halt keine."

„Ja", sag ich.

„Es ist echt ein Ding, dass man euch daran erinnern muss", sagt Gott. „Obwohl ihr Kirchen baut und keine Schafställe. Oder Weidezäune."

„Das sind alles Sachen zum Einsperren", sag ich. „Das ist irgendwie traurig. Schafe kommen ja auch gut ohne Weidezäune und Schafställe aus."

„Jedenfalls wenn sie jemand vor wilden Tieren beschützt", sagt Gott. „Sonst ist das Ohne-Auskommen relativ."

„Wie alles", sag ich. „Ob Kirchen auch was zum Beschützen sind?"

„Ihr könntet ein Hinweisschild dranmachen, so dass man es beim Reingehen sieht", sagt Gott. „Mit dem Satz drauf ‚Du bist kein Schaf'."

„Ein Haus, in dem sich Leute treffen, die ein Hinweisschild brauchen, dass sie keine Schafe sind", sag ich. „Das hört sich nicht gesund an."

Gott lacht wieder.

„Das ist auf eine Weise lustig und auf eine andere Weise überhaupt nicht", sagt Gott schließlich.

„Immerhin ist es ein Ort, in dem es nicht darum geht, ob ich genug Geld habe", sag ich. „Hier kann ich mich reinsetzen, es ist trocken und ich brauche nichts zu kaufen. Das ist bei den meisten anderen Orten in der Stadt anders."

„Andere haben bitter dafür bezahlt, an diesem Ort gewesen zu sein", sagt Gott.

„Boah, das geht echt jedes Mal direkt in den Magen", sag ich, „vor allem, wenn du das so unvermittelt erwähnst."

„Es gibt keinen Schonraum mehr vor dem Thema", sagt Gott. „Das sollte allmählich angekommen sein."

„Wäre es besser, wir würden sie schließen und woanders neu anfangen?", frag ich.

„Ach", sagt Gott. „Wenn es nur so einfach wäre."

„Du hast ein paarmal neu angefangen", sag ich. „Machst du das eigentlich extra, also dich zu unterschiedlichen Zeiten unterschiedlich zu zeigen? Obwohl wir dann deinetwegen voll den Stress untereinander haben?"

„Den Stress hättet ihr auch so, dafür braucht ihr mich nun wirklich nicht", sagt Gott. „Und überhaupt hab ich manchmal den Eindruck, ihr haltet mich für eine Art

Alien, wenn ihr davon erzählt, wie ich als Mensch bei euch war. Es ist doch nicht die Frage, wie ich mich zeigen will, sondern in wem ihr mich erkennen könnt. Echt mal."

„Sonst könnte man zu der Vermutung kommen, du fändest Männer besser für dich geeignet als Frauen", sag ich.

„Heimatland", sagt Gott.

„Kein Witz", sag ich. „Das denken Leute wirklich."

„Ein Argument mehr für so ein Schild", sagt Gott. „Und ihr könntet zusätzlich draufschreiben, dass selber denken erlaubt ist."

„Danke, dass du immer noch herkommst", sag ich.

„Hier ist meistens eine gute Akustik", sagt Gott. „Und das bunte Licht ist so hübsch."

„Und man kann Kerzchen anzünden", sag ich.

„Ja", sagt Gott. „Komm, das machen wir noch eben. Und dann ziehe ich weiter."

„O.k.", sag ich und gehe mit Gott zum Ständer mit den vielen Teelichten. Wir zünden zwei an, stellen sie zwischen die anderen und sehen zu, wie die Flämmchen aufflackern und dann ruhig weiterbrennen.

„Dann hab es mal gut", sagt Gott. „Bis dann, man sieht sich."

„Ja, hier oder woanders", sag ich. „Bis dann. Und Amen."

Unterwegs

„Hab ich mir doch gedacht, dass ich dich hier treffe“, sag ich und lasse mich ein bisschen zurückfallen, damit Gott zu mir aufschließen kann.

„Ja“, sagt Gott. „Ich war schon immer gern unterwegs.“

„Ich auch“, sag ich. „Aber wenn mir dann am zweiten Tag die Füße weh tun, frag ich mich schon, warum ich das immer wieder mache.“

„Seltsam, oder?“, sagt Gott. „Und du gehst trotzdem immer wieder los.“

„Ja“, sag ich. „Deine Welt ist so schön.“

„Danke“, sagt Gott. „Mir gefällt sie auch.“

„Ich bin gerne darin“, sag ich. „Und ich mag es, alleine unterwegs zu sein und dabei zu wissen, dass diesen Weg schon so viele Leute gegangen sind.“

„Das versteh ich“, sagt Gott. „Schau mal, da vorne ist wieder ein Wegzeichen.“

„Oh, ja“, sag ich. „Ich wüsste gern, wer hier alles schon vor mir unterwegs war.“

„Und wer nach dir diesen Weg gehen wird“, sagt Gott.

„Das auch“, sag ich. „Und wie sich alles allmählich verändert.“

„Da vorne ist ein guter Platz zum Pausemachen“, sagt Gott und zeigt auf ein Fleckchen Wiese am Wegrand.

„Du kennst dich aus“, sag ich.

„Eben“, sagt Gott. „Mit Pausen besonders.“

„Ja“, sag ich. „Der siebte Tag und so, oder?“

„Genau“, sagt Gott.

Ich steuere den Pausenplatz an und setze mich aufseufzend auf die Erde.

Gott hält mir die Wasserflasche hin.

„Danke“, sag ich und trinke in großen Schlucken. „Das tut gut.“

„Ich weiß“, sagt Gott. „Erhol dich gut. Und dann guten Weg.“

„Danke“, sag ich. „Dir auch. Und Amen.“

Bäume für den Jugendsonntag/ Ukrainekrieg I

Im BDKJ Aachen wird jeweils am Sonntag nach Pfingsten der Jugendsonntag gefeiert. Während das zur Entstehungszeit im ausgehenden 19. Jahrhundert ein Tag der Kirchendisziplin und der Vergewisserung eines katholischen Weltbilds war, mit Vorträgen, Beichte und Kommunionempfang, wird er aktuell jeweils mit einer Aktion begangen, die der BDKJ durch Bereitstellung von Aktionsidee und Material unterstützt, die die (Verbands-) Gruppen aber jeweils bei sich vor Ort durchführen. Im Jahr 2022 war es die Aktion „Bäume pflanzen am Jugendsonntag". Weil Bäume, die im Juni gepflanzt werden sollen, aber vorher getopft werden müssen, damit sie ausreichend Wurzelwerk ausbilden und im Sommer nach dem Pflanzen das Laub versorgen können, fing der Jugendsonntag 2022 im Februar mit einer Baumtopfparty in der BDKJ-Jugendbildungsstätte an, zwei Tage nach dem Einmarsch der russischen Armee in die Ukraine.

„Guten Morgen", sagt Gott, als ich mir gerade einen Kaffee mache.

„Oh, guten Morgen, Gott", sag ich und hole Gottes Lieblingskaffeebecher aus dem Schrank. „Auch einen Kaffee?"

„Immer", sagt Gott.

Gott setzt sich an den Tisch und stützt den Kopf in die Hände.

„Oh, du sitzt nicht auf dem Tisch", sag ich. „Dann musst du wohl sehr müde sein."

„Ja“, sagt Gott.

„Warst du in der Ukraine unterwegs?“, frag ich und fülle unsere Becher.

„Ja“, sagt Gott und seufzt. „Und überall, wo Leute aus der Ukraine leben. Und bei den Leuten, die in Russland leben oder von da kommen und auch nur ihr Leben leben wollen.“

Ich stelle Gott den Kaffee hin und setze mich neben Gott an den Tisch.

„Danke“, sagt Gott.

Wir trinken schweigend unseren Kaffee, während ich die Zeitung überfliege und Gott aus dem Fenster schaut.

„Was machst du heute noch?“, fragt Gott.

„Bäume pflanzen“, sag ich. „Für den Jugendsonntag.“

„Oh“, sagt Gott.

Ich schaue auf die Zeitung.

„Findest du, das passt jetzt nicht?,“ frag ich.

„Das passt sogar sehr gut“, sagt Gott.

„Eigentlich ging es uns damit ums Klima“, sag ich.

„Ja, das klingt plausibel“, sagt Gott. „Und das Klima ist ja auch immer noch da. Aber das passt auch für jetzt.“

„Sicher?“, frag ich.

„Ihr pflanzt einen Baum und wisst, dass ihr Geduld braucht und Sonne und Regen und alles“, sagt Gott. „Und dass es dauert. Dass ihr nicht direkt was davon habt. Und ihr macht es trotzdem.“

„Ja“, sag ich.

„Und es wird euch sicher guttun, was mit Erde zu machen“, sagt Gott. „Das fand ich auch immer gut.“

„Was zum Anfassen“, sag ich und blättere die Zeitung um. „Aber echt, ich hab mir nicht vorstellen können, dass sowas nochmal passiert in Europa.“

„Ich mir schon", sagt Gott. „Dafür kannst du dir aber auch nicht vorstellen, wie aus so einem dünnen Baumstämmchen mal ein großer Baum wird, der Äpfel trägt."

„Das stimmt auch", sag ich.

„Siehst du", sagt Gott.

„Du wirst dabei sein, oder?", sag ich.

„Ich bin immer da, wo etwas lebt und wächst und Leute was hoffen", sagt Gott.

„Und wo Leute nach dir fragen, bist du auch", sag ich.

„Ja", sagt Gott. „Und bevor du weiterfragst: Wo Leute nicht mehr nach mir fragen, da bin ich auch."

„Aber die Dinge passieren einfach, als ob da niemand wäre und alles sieht", sag ich. „Das macht ganz schön Angst, weißt du."

Gott sagt nichts.

„Wir bitten dich um Frieden", sag ich.

„Ja", sag Gott. „Ich hör das, und ich seh das."

„Dann fühlen wir uns immerhin nicht so alleine", sag ich.

„Ach mein Herzchen", sagt Gott.

„Noch einen Kaffee?", frag ich.

„Ja", sagt Gott. „Und dann ziehe ich weiter."

„O.k.", sag ich. „Und ich gehe zum Bäumepflanzen."

„Fürs Klima und für den Frieden, o.k.?", sagt Gott.

„Ja", sag ich.

„Danke", sagt Gott. „Auch für den Kaffee."

„Danke, dass du da warst", sag ich. „Komm gut durch den Tag."

„Du auch", sagt Gott. „Bis bald mal wieder. Und Amen."

Corona und Spiritualität / Ukrainekrieg II

Geschrieben für den „Gegenwind“, die Verbandszeitschrift der KjG Aachen, im Frühjahr 2022, als der Ukrainekrieg die Corona-Pandemie auf die hinteren Plätze der Nachrichten verwiesen hatte.

„Glaubst du, es ist allmählich vorbei?“, frag ich.

„Corona, meinst du?“, fragt Gott zurück.

„Ja“, sag ich.

Gott und ich sitzen auf dem Münsterplatz auf einer der Bänke und schauen zu, wie die Abendsonne den Dom golden färbt.

„Man kann es nicht genau wissen“, sagt Gott. „Manches wird wohl nicht wieder so wie vorher.“

„Ein neues Normal, meinst du“, sag ich.

„So in etwa“, sagt Gott.

„Mit sowas tun wir uns eher schwer in deiner Kirche“, sag ich. „Selbst wenn wir uns höchstoffiziell auf was Neues einigen, dann gibt es 50 Jahre später immer noch Leute, die das nicht mitmachen wollen.“

„Ich weiß“, sagt Gott.

„Und dann ist es ja auch noch eine Weltkirche“, sag ich. „Wenn wir mal was anders machen wollen, kommt immer irgendwer und sagt, das geht aber nicht, wegen der Weltkirche.“

„Das ist ein lustiges Argument, wenn man bedenkt, dass es eigentlich eine Gotteskirche sein sollte“, sagt Gott. „Und wenn man weiß, auf wie viele verschiedene Arten man frühstücken kann und so.“

„Ob das eine Chance ist?“, frag ich. „Also dass wir jetzt auf der ganzen Welt eine Pandemie haben?“

„Eine Pandemie als Chance“, sagt Gott, dreht sich zu mir und mustert mich. „Um das zu formulieren, muss man aber schon einigermaßen unerschrocken sein.“

„Mensch Gott“, verteidige ich mich. „So hab ich das doch nicht gemeint, ey.“

„Pass trotzdem auf, wenn du sowas sagst, o.k.“, sagt Gott. „Nicht dass du mir noch versehentlich in den Mund legst, die Pandemie hätte ja auch ihr Gutes.“

„Aber du hast Krankheiten in Kauf genommen, als du diese Welt wolltest“, sag ich.

„Ja“, sagt Gott und wendet sich wieder Richtung Dom. „Und ich hoffe immer noch, dass es das wert war.“

„Also ich meinte eigentlich“, sag ich, „ob es uns in der Kirche guttut, wenn wir alle auf einmal ähnliche Probleme haben. Und wenn wir merken, was uns fehlt und was nicht.“

„Kann sein“, sagt Gott. „Obwohl ihr sonst auch oft ähnliche Probleme habt, ihr merkt es dann nur meistens nicht. Das Ding mit den Frauen zum Beispiel, das liegt euch ja nicht nur hier bei dir quer.“

„Gut zu wissen“, sag ich.

„Um auf das neue Normal zurückzukommen“, sagt Gott, „du hattest doch gesagt, dir fehlt manches gar nicht.“

„Ja“, sag ich. „Aber ich hab dich oft vermisst. Dich beim Singen zu treffen zum Beispiel.“

„Oh ja, das hat echt was ausgemacht“, sagt Gott.

„Und ich hab gemerkt, dass mir so richtig nur die Sachen gefehlt haben, wo ich sonst mit netten Leuten zusammen war“, sag ich. „Also in der Kirche, mein ich.“

„Das kann ich verstehen“, sagt Gott. „Das war echt mal ne Challenge für die Erstkommunionen.“

„Und dass wir kein Sonntagsfrühstück für Leute in Not anbieten konnten, das war auch richtig blöd“, sag ich. „Weil das Frühstück ja eigentlich mehr ist, als Essen durchs Fenster zu geben.“

„Ja“, sagt Gott.

„Als wir uns wieder treffen konnten, gab es in den Fürbitten so viel Kummer“, sag ich. „Wir sind so dünnhäutig geworden. Aber es hat auch gutgetan, damit zusammen zu sein.“

„Ja, das hab ich gemerkt“, sagt Gott.

„Vielleicht ist es uns wichtiger geworden, dir mehr von dem zu erzählen, was uns traurig macht“, sag ich. „Auch wenn Loben leichter war.“

„Ach“, sagt Gott. „Loben muss nicht immer sein. Und es tut mir selber so leid, wenn es mehr Trauriges gibt.“

„Und jetzt auch noch ein Krieg“, sag ich.

„Ja“, sagt Gott leise.

Die Sonne ist untergegangen, und es wird merklich kühler.

„Komm, wir zünden noch ein Kerzchen an“, sagt Gott und steht auf, „bevor die Domschweizer uns nachher nicht mehr reinlassen.“

„Gute Idee“, sag ich. „Kerzchen anzünden ist immer gut.“

„Ich muss los“, sagt Gott, als wir wieder aus dem Dom kommen.

„Ja, ich weiß“, sag ich.

„Bis bald mal wieder, o.k.?“, sagt Gott.

„O.k.“, sag ich. „Und Amen.“

Gewaltfreiheit

„Guten Abend, Gott“, sag ich und halte Gott die Tür auf.

„Hey“, sagt Gott, kommt rein und geht mir hinterher in die Küche.

„Magst du was trinken?“, frag ich, als Gott sich auf den Tisch setzt.

„Wasser“, sagt Gott. „Mir ist gerade nicht nach Alkohol. Oder zu sehr. Also jedenfalls – ein Wasser reicht mir gerade.“ „Wirst du es beenden?“, frag ich, gebe Gott das Glas, das ich gerade gefüllt habe, und setze mich Gott gegenüber. „In der Ukraine?“

„Und im Jemen, im Südsudan, in Somalia? Ach Herzchen“, sagt Gott müde.

„Jeder kann wissen, dass du dagegen bist, jedenfalls wenn du deine Tasche bei dir hast“, sag ich. Wir schauen beide auf Gottes Umhängebeutel, dem mit der bunten Aufschrift „Keine Gewalt“ .

„Es geht aber nicht nur nach mir“, sagt Gott. „Und außerdem wissen das nicht alle.“

Gott schaut in das Glas und schwenkt es ein wenig, so dass das Wasser sich bewegt.

„Der Frieden zerrinnt wie Wasser zwischen den Fingern“, sagt Gott. „Immer wieder.“

„In der Wüste wachsen da, wo auch nur ein kleines bisschen Wasser einigermaßen regelmäßig hintropft, sofort total viele Pflanzen“, sag ich. „Unter einer undichten Wasserleitung zum Beispiel.“

„Ja“, sagt Gott. „Das hat dich echt beeindruckt, oder? Manchmal geht das ja auch gut.“ Und manchmal endet

Gewaltlosigkeit einfach im Desaster. Wie mit einem Bulldozer über deine Leitungsleck-Oase zu fahren."

„Damals in China*", sag ich.

„Und nicht nur da", sagt Gott.

„Ich möchte es nicht wissen", sag ich. „Ich möchte, dass es gut wird. Frieden, das Klima retten und so."

„Du möchtest gute Nachrichten", sagt Gott.

„Moment", sag ich. „Gute Nachrichten. Da klingelt was."

„Probiers mal mit Griechisch", sagt Gott. „Evangelium. Gute Nachricht. Weißt du noch?"

„Ah, ja", sag ich. „Und dabei hat die Geschichte auch im Desaster geendet."

„Desaster ist gar kein Ausdruck", sagt Gott. „Schlimmer konnte es nicht enden als mit so einem Tod."

„Aber du bist heilig", sag ich, „du wohnst in den Lobliedern Israels."

„Psalm 22", sagt Gott.

„Ja", sag ich. „Ich weiß."

Wir schweigen eine Weile.

„Das ist kein Alles-wieder-gut, oder?", sag ich.

„Nein", sagt Gott. „Das ist es nicht. Hast du zufällig was zu essen da?"

„Zwar nicht zufällig, aber ja", sag ich und hole zwei Scheiben Brot für Gott aus dem Brottopf. „Magst du Schokocreme drauf?"

„Oh ja, sehr gerne", sagt Gott.

---

* Ich meinte dabei die Niederschlagung der Studierendenproteste in China 1989 und das Massaker auf dem Platz des Himmlischen Friedens. Die Proteste in chinesischen Städten gegen die strikten Corona-Maßnahmen im Herbst 2022 begannen erst eine Weile nach diesem Gespräch.

Ich gebe Gott das Brot und stelle das Glas Schokocreme auf den Tisch. Gott streicht sich das Brot und isst schweigend.

„Für Menschen geht das, nicht von allem zu wissen", sagt Gott nach dem letzten Bissen schließlich. „Aber für mich halt nicht."

„Ich schätze, auch fürs Gottsein gibt es echt schlechte Tage", sag ich. „Kann ich noch irgendwas für dich tun?"

Gott gibt mir das leere Glas zurück.

„Danke", sagt Gott und steht auf. „Ich muss dann wohl mal weiter."

„Ob ich noch was für dich tun kann?", wiederhole ich meine Frage, als Gott schon im Flur verschwindet.

„Schöner Versuch", sagt Gott und öffnet die Wohnungstür. „Ein andermal, o.k.? Bis bald mal wieder. Und Amen."

Weltfrauentag / Ukrainekrieg III

Ein Gespräch zum Gottesdienst der kfd-Frauen in Aachen-Kornelimünster am Internationalen Frauentag, dem 8. März 2022.

„Ah, da bist du ja“, sag ich, als Gott am Abend in die Küche kommt. „Die Kartoffeln sind gerade fertig geworden.“

„Das hab ich mir gedacht“, sagt Gott, legt Jacke und Schal über eine Stuhllehne und lässt sich auf den Stuhl fallen.

Ich fülle die Bratkartoffeln auf zwei Teller, stelle Gott einen hin und setze mich auch.

„Danke“, sagt Gott.

Wir essen eine Weile schweigend.

„Ich wünschte, alles wäre so einfach wie Bratkartoffeln“, sag ich schließlich. „Beim Bratkartoffeln-Essen kann man keinen Krieg führen.“

„Eigentlich ist das alles ganz genau so einfach“, sagt Gott und spießt eine Kartoffel auf die Gabel. „Ich will keinen Krieg. Ich will, dass Leute es gut haben. Das ist eigentlich ziemlich Level eins.“

„Ja“, sag ich. „Eigentlich schon.“

„Und jetzt sind Männer im Krieg und Frauen auf der Flucht“, sagt Gott. „Erzähl mir nichts mehr von gesellschaftlichem Fortschritt, ey.“ Gott spießt eine weitere Kartoffel auf.

„Und heute ist auch noch Internationaler Frauentag“, sag ich. „Und ich hätte schon fast gedacht, den bräuchten wir bald nicht mehr.“

„Da hast du wohl falsch gedacht“, sagt Gott.

„Ja“, sag ich. „Warum bloß geht zurück immer schneller als vor?“

„Das mit der Gerechtigkeit fällt euch schwer“, sagt Gott.

„Ja“, sag ich. „Vielleicht weil sie sich für die Stärkeren wie Verzicht anfühlt.“

„Mag sein“, sagt Gott.

„Wir hören jetzt jeden Tag Nachrichten vom Krieg“, sag ich. „Und ich finde es so schlimm, zu wissen, was passiert, und so viele Leute sind dagegen, und es passiert trotzdem.“

„Und dabei machst du dir noch gar keine Vorstellung“, sagt Gott und legt das Besteck beiseite. „Von der Angst und der Kälte. Und warum? Weil es geht.“

„Dass du das aushältst, das alles“, sag ich.

„Dass die Leute das aushalten“, sagt Gott. „Ich versuche ja nur, da zu sein. Vor allem bei den Kindern.“

Wir schweigen wieder.

„Meinst du, es gibt Hoffnung für diese Welt?“, frag ich schließlich und stelle unsere Teller zusammen. „Und für die Leute, die eigentlich auch keinen Krieg führen wollen?“

Gott schweigt.

„Das ist vermutlich das Ding mit der Hoffnung, oder?“, sag ich. „Dass ich dich nur fragen kann und keine Antwort krieg.“

„Ja“, sagt Gott.

„Aber es gibt doch Hoffnung, oder?“, frag ich.

„Ich wünsch es euch sehr“, sagt Gott. „Aber meine Wege sind auch nicht eure Wege.“

„Das klingt trotzdem irgendwie tröstlich“, sag ich.

„Ja, find ich auch“, sagt Gott. „Vor allem, wenn ich euch zugucke und denke, Heimatland, nicht schon wieder. Dann erinner ich mich daran, dass ihr ja nur eure Wege seht.“

„Das macht es nicht unbedingt besser“, sag ich.

„Nein“, sagt Gott. „Aber ich seh euch, und ich lass euch nicht.“

Gott greift nach der Jacke und dem Schal.

„Ich muss weiter“, sagt Gott.

„Ja, ich weiß“, sag ich. „Und wenn wir nachher für die Frauen in der Ukraine beten, dann treffen wir uns dabei, oder? Weil du sie in deiner Hand hältst. Auch wenn die Kälte davon nicht weggeht und die Angst auch nicht.“

„Ja“, sagt Gott. „Bis dahin. Danke.“

„Danke, dass du da warst“, sag ich. „Und Amen.“

Überall der gleiche Himmel / Ukrainekrieg IV

Im „Haus Eich“, einem Anwesen im Süden von Aachen, das früher ein katholisches Internat, dann ein Jugendzentrum war, sind heute die Diözesanstellen des BDKJ, einiger Jugendverbände, die Diözesanbibliothek, die Telefonseelsorge und andere Einrichtungen untergebracht. In der Kapelle des Komplexes wird einmal im Monat eine Andacht für alle Mitarbeitenden auf dem Gelände angeboten – im März 2022 gestaltet vom BDKJ. Wie in den Tagen und Wochen zuvor drehte sich auch das Gespräch mit Gott zu diesem Anlass um den Ukrainekrieg und das Aushalten des Schweigens Gottes.

„Da bist du ja“, sag ich und drehe mich vom Fenster weg. „Ich kann nicht schlafen.“

„Das hab ich gemerkt“, sagt Gott.

Ich wende mich wieder zurück, wir stehen am offenen Fenster und schauen in den Nachthimmel.

„Die Hüterin Israels schläft und schlummert nicht?“, frag ich leise.

„Nein“, sagt Gott, „das tu ich nicht.“

„Ich hab gestern Abend noch Nachrichten geguckt“, sag ich.

Gott sagt nichts.

„Und über allem der gleiche Himmel“, sag ich nach einer langen Weile. „Und die Sterne, die über uns leuchten und nichts wissen von Krieg und Gewalt.“

Ich schaue kurz zu Gott herüber. Gott schaut weiter hoch zu den Sternen.

„Und nichts hilft“, sagt Gott schließlich mit Tränen in der Stimme. „Es geschieht, und es sind doch meine Kinder, und ich kann sie nicht daran hindern.“

Gott weint.

„Und es sind so viele, weißt du“, sagt Gott, als Gott wieder sprechen kann. „Und ich kenne doch ihre Namen und ihre Träume, und ich habe es nicht verhindern können, das Sterben nicht und das Weiterlebenmüssen auch nicht.“

„Aber du wirst sie doch bewahren, oder?“, sag ich zögernd.

„Ja“, sagt Gott und wischt sich die Tränen von den Wangen. „Aber weißt du, wie schwer das wiegt? All die Angst und all die Ausweglosigkeit? Und all die Schuld auch?“

Ich schweige.

„Nein“, sag ich schließlich. „Aber ich will daran festhalten, dass da mehr ist als ein leerer Himmel mit Licht von Sternen, die schon lange tot sind. Ich muss das, verstehst du?“

„Ja“, sagt Gott. „Das versteh ich.“

„Ich hätte nie gedacht, dass das so passiert“, sag ich. „Nie. Dass das so nah rückt, was meine Oma auch schon so vom Krieg erzählt hat. Und dass ich mich auf einmal frage, ob die Leute abseits vom Krieg damals so fassungslos auf die Nachrichten aus Polen geschaut haben wie wir heute auf die aus der Ukraine.“

„Ich weiß“, sagt Gott.

Der Wind fährt mit einem Stoß zum Fenster herein und ich wickele meine Jacke enger um mich.

„Komm“, sagt Gott. „Du musst zurück ins Bett.“

„Nein“, sag ich. „Ich will lieber noch was bleiben. Du hast nicht zufällig ein Kerzchen dabei?“

„Nicht zufällig, aber ja, hab ich", sagt Gott und kramt in der Umhängetasche.

„Da", sagt Gott, zieht zwei etwas zerbeulte Teelichte heraus und drückt sie mir in die Hand.

„Moment, Feuer hab ich auch", sagt Gott und holt nach kurzem weiteren Suchen eine Streichholzschachtel aus dem Beutel.

Gott zündet ein Streichholz an und schirmt das Flämmchen behutsam ab. Ich halte eines der Teelichte daran, bis der Docht aufglimmt.

Gott macht das Gleiche mit dem zweiten Teelicht und schüttelt das Streichholz dann kurz, bis es schnell ausgeht. Wir stellen die kleinen Lichter auf die Fensterbank, wo sie im Nachtwind flackern.

„Ich muss weiter", sagt Gott schließlich.

Ich schließe sacht das Fenster, und die Flämmchen werden ruhiger.

„Ich vergesse sie nicht, o.k.", sagt Gott.

„Die Lichter oder die Menschen?", frag ich.

„Beide", sagt Gott.

Ich nicke.

„Wenn sie ausgehen, mach ich morgen neue an, o.k.?", sag ich.

„Ja", sagt Gott. „Danke. Und Amen."

Abwägungssachen

Das folgende Gespräch war der Einstieg in einer Podiumsdiskussion im Rahmen des ND-Kongresses 2022 zum Thema „Sexualisierte Gewalt und Machtmissbrauch in der katholischen Kirche."

„Hey", sagt Gott. „Bestellst du für mich auch einen Kaffee, bitte?" Gott streckt mir den Pfandbecher hin, den ich Gott bei unserem letzten Coffee-to-go mitgegeben hatte.

„Und noch einen zweiten doppelten Espresso, bitte", sag ich zur Kaffeeverkäuferin, zu deren Theke ich gerade aufgerückt war, und gebe ihr unsere beiden Becher. „Schwarz."

Ich bezahle und gebe Gott nach kurzem Balancieren einen der Kaffees.

„Bitte schön, und guten Morgen", sag ich.

„Danke", sagt Gott. „Besonders gut scheint dein Morgen aber bisher nicht gewesen zu sein, wenn ich das mal so anmerken darf."

„Jo", sag ich. „Da ist was dran."

„Schlecht geschlafen?", fragt Gott.

„Ja", sag ich.

„Willst du reden?", fragt Gott und setzt nach einem Blick auf mich hinzu: „Nach dem Kaffee natürlich."

„O.k.", sag ich.

Wir setzen uns auf einen Mauervorsprung in der Bahnhofshalle, und ich gucke in meinen Kaffeebecher. Als der Becher schon lange leer ist, gucke ich immer noch. Gott stößt mich sacht an.

„Es hört einfach nicht auf", sag ich und sehe hoch.

Gott guckt.

„In deiner Kirche", sag ich. „Der Missbrauch."

„Bislang hattest du immer gesagt, das Wort benutzt du nicht, weil es so leicht über die Lippen geht, und weil da eine Idee von einem richtigen Gebrauch mitklingt", sagt Gott.

„Das stimmt", sag ich. „Aber mittlerweile brauch ich eine Kurzformel. Und außerdem –"

„Und außerdem was?", fragt Gott.

„Außerdem gehört da so viel zu, was Leute mit ‚Gewalt' einfach nicht zusammenbringen", sag ich.

„Da mag wohl was dran sein", sagt Gott.

„Jonathan sagt immer, dass wir in der Kirche quasi die guten Nazis sind", sag ich. „Also die, die versuchen, gegen den Missbrauch zu arbeiten und trotzdem in der Kirche sind und da mitmachen."

„Ich weiß", sagt Gott.

„Ich hab mit dir doch schon mal über Yad Vashem gesprochen", sag ich. „Die Schoa-Gedenkstätte."

„Ja", sagt Gott. „Das war, wo du auf einmal richtig gemerkt hast, dass die Verbrechen in deiner Muttersprache begangen wurden."

„Ja", sag ich. „Und weißt du noch, da ist auch dieses Tal, wo die Namen aller Orte, in denen Synagogen zerstört worden waren, auf Hebräisch in den Fels gehauen sind, erinnerst du dich?"

„Ja", sagt Gott.

„Da hab ich mich durchbuchstabiert und ich hatte wirklich sowas wie eine Entdeckerinnenfreude daran, die Namen der Kleinstädte meiner Kindheit zu entziffern und der Heimatorte meiner Großeltern", sag ich.

„Bis mich dieser Faustschlag getroffen hat, als ich begriffen hab, *was* ich da gerade entziffert hatte."

„Ja", sagt Gott.

„Und so ist das jetzt auch wieder", sag ich. „Ich hab das schon lang bei meinen Kolleginnen gesagt, dass wir nicht da rauskommen, dass unsere Kirche eine Täterkirche ist. Und jetzt hab ich das in seiner ganzen Wucht gespürt."

Wir schweigen.

„Wie kommst du denn damit klar?", frag ich.

Gott schweigt weiter.

„Ich versuche, da zu sein", sagt Gott schließlich.

„Dir ist schon klar, dass das vielen nicht reicht, oder?", sag ich.

Gott schweigt wieder.

„Und dass dein Schweigen eine echte Zumutung sein kann", sag ich.

„Ja", sagt Gott.

„Boah ey, bleibst du immer so ruhig?", frag ich.

„Nein", sagt Gott. „Aber meine Wut hilft dir auch nicht."

„Vielleicht doch", sag ich. „Ich bin nämlich auch so unfassbar sauer auf die, die das alles angerichtet haben, und die sich jetzt noch nicht mal irgendeiner Schuld bewusst sind. Und dann gibt es auch noch die vielen Sachen, die sich überhaupt nicht mehr klären lassen. Und ich will doch keine Mittäterin sein."

„Kann ich gut verstehen, dass du schlecht geschlafen hast", sagt Gott.

„Aber ich meine, gehen ist halt eine Option für die, die keinen Job in dieser Kirche haben", sag ich. „Wenn ich gehen würde, dann wäre das vielleicht auch nicht richtig, weil da noch so viel ist, was wir klären müssen."

„Du wirst das abwägen müssen", sagt Gott. „Und vermutlich nicht nur einmal."

„Du meinst, weil es so ein schmaler Grat ist zwischen ‚die Kirche besser machen' und ‚das System stabilisieren'?", frag ich.

„Gut zusammengefasst", sagt Gott. „Und du darfst nicht vergessen, dass du keinen Zutritt zum inner circle hast."

„Ja danke auch für die Erinnerung, echt mal", sag ich.

„Sorry", sagt Gott. „Das war nicht meine Idee."

„Ja, ich weiß", sag ich. „Du hältst dich da ja gerne mal raus. Kommst du noch ein Stück mit?"

„Klar", sagt Gott. Wir packen unsere Becher ein und Gott begleitet mich zum Gleis.

„Es macht so viel kaputt", sag ich, als wir die Treppen hochgehen. „Menschen, und Beziehungen. Gemeinden. Erinnerungen."

„Und Vertrauen", sagt Gott.

„Ja", sag ich. „Und ich spür die Wucht davon, aber ich kann es nicht ändern."

„Auch das wirst du immer mal wieder hinterfragen müssen", sagt Gott.

„Das ist nicht fair, alles", sag ich.

„Sowas von nicht fair", sagt Gott und setzt leiser hinzu, „tut weh, oder?"

„Ja", sag ich. „Sehr. Und nicht nur mir. Noch irgendeinen guten Rat, bis der Zug kommt?"

„Reden könnte helfen", sagt Gott. „Und zuhören natürlich."

„Ach, Gott", sag ich.

„An Gleis 9 erhält jetzt Einfahrt der ICE Nr. 15 nach Frankfurt am Main Hauptbahnhof", sagt die Stimme aus dem Lautsprecher.

„Vergiss nicht, so wird es nicht bleiben", sagt Gott. „So nicht."

„Nein", sag ich. „Vergess ich nicht."

„Gute Fahrt", sagt Gott.

„Danke", sag ich. „Und Amen."

BDKJ-Hauptversammlung 2022

Nach mehreren wegen der Corona-Pandemie digital durchgeführten Versammlungen tagte die BDKJ-Hauptversammlung 2022 wieder an ihrem Heimatort in Haus Altenberg im Bergischen Land – mit viel Lüften natürlich. Auf dem Programm der Hauptversammlung stand unter anderem die Verabschiedung eines neuen Grundsatzprogramms. Das vorherige war 25 Jahre zuvor beschlossen worden. Außerdem wurde das 75-jährige Jubiläum der Verbandsgründung gefeiert.

„Guten Morgen", sagt Gott.

„Äääähhh-ja", sag ich.

„Ist früh, was", sagt Gott.

„Zumindest wenn man noch zum Morgengebet will", sag ich.

„Hauptversammlung eben", sagt Gott. „Schön, dass du da bist. Und die anderen auch."

„Ja, das find ich auch", sag ich. „Trotz der Uhrzeit."

„Ich hab mich über euer Grundsatzprogramm gefreut", sagt Gott. „Und darüber, dass ihr miteinander diskutiert habt und unterschiedlicher Meinung wart und danach abgestimmt und zusammen gefeiert habt."

„Du warst da", sag ich.

„Selbstverständlich", sagt Gott. „Ich hab euch so gut verstanden, alle Seiten. Und ich bin so froh, dass ihr wieder zusammen sein könnt."

„Wir auch", sag ich. „Auch wenn es manchmal ziemlich kühl wird, wenn man an der Tür sitzt. Weil wir ja dauernd lüften."

„Das ist es euch jetzt wert“, sagt Gott.

„Ja“, sag ich.

„Ich finde es auch gut, dass ihr merkt, wenn ihr noch was zu lernen habt“, sagt Gott.

„Du meinst den Studienteil zum Rassismus, oder?“, sag ich.

„Ja, gerade schon“, sagt Gott.

„Wir merken das nicht immer von selbst“, sag ich. „Und manchmal find ich das auch schwierig, wenn ich klarkriege, dass wir Sachen anders machen müssen, die ich eigentlich o.k. fand. Weil ich nicht bei denen war, für die es nicht o.k. war. Leben und lernen und so.“

„Ich weiß“, sagt Gott. „Aber ihr könnt ja wissen, dass ihr immer weiter zu mir unterwegs seid.“

Ich stutze. „Krasse Vorstellung“, sag ich.

„Ja, ne?“, sagt Gott.

„Gut zu wissen“, sag ich.

„Ich tu, was ich kann“, sagt Gott. „Und ihr habt echt ein fettes Programm hier, ist euch klar, oder?“

„Das muss so“, sag ich.

„Ja“, sagt Gott und lächelt. „Das war zu jeder Zeit so.“

„Heute Abend wird gefeiert“, sag ich.

„Sowas von“, sagt Gott. „Und bis dahin habt ihr noch viel vor.“

„Ich mag es, vorher noch mit dir zu sprechen“, sag ich.

„Ich auch“, sagt Gott. „Aber wie gesagt, ich hör euch auch, wenn ihr miteinander diskutiert. Das hat ja auch was mit mir und euch zu tun.“

„Danke, dass du da bist“, sag ich.

„Für euch immer“, sagt Gott.

„Dann bis später“, sag ich. „Wir hören noch was Musik und dann gibt’s Kaffee.“

„Das ist ein guter Plan“, sagt Gott. „Habt es gut, und schöne Grüße an die anderen. Mit einem Kaffee oder mit Freundlichsein, o.k.?“

„O.k.“, sag ich. „Und Amen.“

Kinderkirche

„Hey, Gott!“, rufe ich, als ich Gott gedankenverloren über den Münsterplatz schlendern sehe. Gott sieht zu mir herüber und steuert auf mich zu. „Schön, dich zu sehen“, sag ich.

„Dich auch“, sagt Gott und setzt sich neben mich auf die Brunnenstufen*.

„Du warst in Gedanken“, sag ich.

„Ja“, sagt Gott. „Ich hab ein paar Kindern in der Kirche zugehört und die stellen echt gute Fragen.“

„Worum ging es denn?“, frag ich.

„Um mich und die Dinos“, sagt Gott. „Ob es mich schon gab, als es die Dinos gab, und ob die gewusst hätten, dass es mich gibt.“

„Ach“, sag ich. „Und?“

„Netter Versuch“, sagt Gott. „Aber gute Frage, vor allem wenn man statt nach Dinos nach Bienen fragt oder nach Regenwürmern. Ob die wissen, dass ich da bin.“

„Ja“, sag ich. „Und wenn man fragt, was ‚wissen‘ da heißt. Die Kinder wissen ja auch viel, auf ihre Art.“

„Das stimmt“, sagt Gott. „Kinder wissen sogar sehr viel. Worauf es ankommt, zum Beispiel.“

„Dann bist du bestimmt gern in der Kinderkirche“, sag ich.

„Oh ja“, sagt Gott. „Sehr gern. Bei den Kindern ist das Evangelium in guten Händen.“

„Aber ich glaub, das Kreuz ist kein gutes Thema für Kinderseelen“, sag ich.

---

* Des Vinzenzbrunnens, siehe „Osterhoffnung“.

„Das mag sein“, sagt Gott. „Kinder sollten keine Hinrichtungen sehen. Aber die Geschichten vom Leben und Teilen, die sind für alle was, und die Kinder verstehen sie besonders gut.“

„Das magst du“, sag ich.

„Ja“, sagt Gott. „Aber nicht nur, weil ich es bei ihnen leichter habe. Auch wenn das zugegeben auch mal nett ist. Also dass sie wissen, dass ich da bin und so.“

„Womit wir wieder bei der Frage nach den Dinos und den Regenwürmern wären“, sag ich.

„Es gibt nichts Neues unter der Sonne“, sagt Gott und steht auf.

„Das hast du schön gesagt“, sag ich.

„Ja, ne?“, sagt Gott. „Habs mal gut, man sieht sich.“

„Hab du es auch gut“, sag ich. „Bis bald mal wieder. Und Amen.“

Vom Vergessen

„Du, Gott?“, frag ich.

„Ja?“, sagt Gott.

„Du kennst doch meine Nachbarin“, sag ich.

„Klar“, sagt Gott. „Schon immer.“

„Und jetzt gleitet sie immer mehr in ihre Welt ab“, sag ich.

„Ich weiß“, sagt Gott.

„Wo ist alles, was sie früher ausgemacht hat?“, frag ich.

„Warum fragst du das?“, fragt Gott. Ich war gerade zum dritten Mal vom Schreibtisch in die Küche gelaufen, um dann festzustellen, dass ich vergessen hatte, was ich da wollte.

„Weil ich mich frage, wie das ist, wenn man sich so allmählich verloren geht“, sag ich. „Ich stelle mir das schwer vor.“

„Ja“, sagt Gott. „Vor allem, wenn man noch weiß, was man verliert.“

„Wo ist sie jetzt?“, frag ich.

„Bei mir“, sagt Gott.

„Oh“, sag ich. „Aber sie ist doch nicht tot.“

„Wenn, dann müsste es heißen: gestorben“, sagt Gott.

„Da hast du recht“, sag ich.

„Und für mich macht das halt nicht so einen Unterschied“, sagt Gott. „Ich kenne sie, und ich behalte alles, was sie nicht mehr behalten kann.“

„Du gedenkst“, sag ich.

„Du magst sie immer noch gern, oder?“, fragt Gott.

„Ja“, sag ich.

„Siehst du“, sagt Gott. „Und ich erst.“

„Ich hoffe, sie merkt das“, sag ich.

„Ach“, sagt Gott. „Du merkst das ja auch eher, wenn du singst.“

„Und wenn ich was Gutes rieche oder schmecke“, sag ich.

„Siehst du“, sagt Gott wieder. „Ist dir eigentlich wieder eingefallen, was du hier wolltest?“

„Nee“, sag ich. „Aber ich hab mit dir gesprochen, das ist dann auch o.k.“

„Dann lass ich dich mal“, sagt Gott. „Hab es gut, bis bald mal wieder.“

„Danke“, sag ich. „Und Amen.“

Katholik*innentag

*Der Katholik*innentag, Versammlungs- und Debattierort des Lai*innen-Katholizismus in Deutschland, fand 2022 in Stuttgart statt.*

„Entschuldigung, ist dieser Platz noch frei?", fragt Gott und deutet auf den Platz neben mir.

„Sicher, gerne", sag ich und ziehe meinen Rucksack noch ein bisschen beiseite. „Das ist ja mal schön, dich zu sehen."

„Dich auch", sagt Gott, zieht die Jacke aus und faltet sich in den Sitz. „Du fährst also auch nach Stuttgart."

„Ja", sag ich. „Zum Katholikentag."

„Oder zum Katholik*innentag", sagt Gott.

„Oh, ja", sag ich. „Ich bin voll aus der Übung. Es ist so viel passiert seit dem letzten Mal."

„Das stimmt", sagt Gott.

„Früher war es manchmal ziemlich vorhersehbar", sag ich. „Murmeltier-Katholikentage, quasi."

„Alles hat seine Zeit", sagt Gott.

„Wir haben so viel zu besprechen", sag ich. „Corona und wie wir zusammenleben und dann natürlich noch die Kirche."

„Ach ja", sagt Gott. „Die Kirche ja auch noch."

„Und Europa, und der Krieg", sag ich.

„Und das Klima, und die Jugend", sagt Gott.

„Was glaubst du, wird etwas dabei herauskommen?", frag ich. „Ändert der Katholik*innentag etwas?"

„Was glaubst du denn?", fragt Gott.

„Ich hab mich mit Leuten verabredet“, sag ich. „Mit welchen, die ich schon kenne, und mit welchen, die ich kennenlernen möchte. Dafür ist das praktisch, wenn viele gleichzeitig in der gleichen Stadt sind.“

„Immerhin“, sagt Gott.

„Ansonsten weiß ich nicht“, sag ich. „Wir reden und es gibt Gottesdienste und dann fahren wir wieder nach Hause.“

„Manchmal merkt man erst später, was ein Katholik*innen-Tag verändert hat“, sagt Gott. „1982 zum Beispiel, die große Friedensdemo in Düsseldorf. Dabei gewesen zu sein, das haben viele noch lange mitgenommen.“

„Sowas kann ich mir heute schwer vorstellen“, sag ich. „Dass es da Erfahrungen zu machen gibt, die wirklich was verändern.“

„Wie gesagt, alles hat seine Zeit“, sagt Gott. „Und leider geht es ja schon seit geraumer Zeit immer wieder um eure Lernschwierigkeiten.“

„Ach, Gott“, sag ich. „Das ist aber auch schwer mit der Kirchenreform.“

„Für euch“, sagt Gott. „Ich finde das eigentlich nicht so schwierig.“

„Du hast gut reden“, sag ich.

„Gottsein muss auch Vorteile haben“, sagt Gott.

„Ja“, sag ich. „Magst du ein Stück?“

Ich halte Gott den Rest Fladenbrot vom Abend vorher hin, den ich kurzerhand für die Fahrt eingepackt hatte.

„Oh, gern“, sagt Gott.

Ich teile das Brot in zwei Stücke und gebe Gott eins.

„Danke“, sagt Gott.

„Bitte“, sag ich.

Wir essen eine Weile schweigend.

„Das war gut“, sagt Gott. „Ich guck mich noch ein bisschen um, wer noch so unterwegs ist, o.k.? Wir sehen uns dann in Stuttgart.“

„Ich freu mich drauf“, sag ich.

„Ich mich auch“, sagt Gott. „Hab noch eine gute Fahrt.“

„Du auch“, sag ich. „Und Amen.“

Die Welt retten

*Eine der BDKJ-Veranstaltungen auf dem Katholik*innentag in Stuttgart drehte sich um die Herausforderungen für junge Menschen im Zuge der Corona-Pandemie, von der so viele Aspekte der Jugendverbandsarbeit betroffen waren: Die Jugendsozialarbeit genau wie die Freiwilligendienste und die Friedensarbeit. Der von Gott im Gespräch erwähnte Generalvikar ist Andreas Sturm aus der Diözese Speyer, der gerade seinen Übertritt zur Altkatholischen Kirche bekanntgegeben hatte.*

„Hallo", sagt Gott. „Darf ich mich ein bisschen zu dir setzen?"

„Bitte", sag ich und deute auf die Stufe neben mir. „Ich hol dir gerade auch einen Kaffee, o.k.?"

„Gerne", sagt Gott.

„Noch einen doppelten Espresso?", fragt die Ordensschwester am kleinen roten Kaffeemobil.

„Ja bitte", sag ich. „Danke."

„Kaffee gibt es hier wirklich genug", sag ich und setze mich wieder zu Gott auf die Stufe am Seeufer.

„Und Schwestern haben immer den besten Kaffee", sagt Gott. „So, was liegt an?"

„Augen auf für junge Menschen in und nach der Pandemie", sag ich. „Wir wollen beraten, über Gesundheit, Klima, soziale Gerechtigkeit. Und Frieden natürlich."

„Oha", sagt Gott. „Da habt ihr euch aber was vorgenommen."

„Ja", sag ich. „Als Christinnen die Probleme junger Menschen im Blick behalten und Solidarität leben."

„Das hast du aber schön gesagt", sagt Gott.

„Danke", sag ich. „Ist aber nicht von mir. Das war die Zusammenfassung des Referenten für die Veranstaltung gleich. Damit ich weiß, worüber ich vorher mit dir reden soll."

„Also eben mal die Welt retten", sagt Gott.

„So in etwa", sag ich.

„Was für ein Glück, dass ich die Welt schon gerettet hab", sagt Gott.

„Merkt man nur manchmal nicht so viel von", sag ich.

„Ja", sagt Gott. „Schade eigentlich. Da ist echt noch viel Luft nach oben bei euch."

„Wie, bei uns?", frag ich. „Das ist doch dein Job, oder nicht?"

„Ach Liebchen", sagt Gott. „Du weißt doch: Freiheit, selber groß sein und so."

„Ja danke, und einen Sack voll Probleme an der Backe haben", sag ich. „Es ist noch so viel zu tun."

„Aber ihr habt ja auch Ideen", sagt Gott. „Das weiß ich, ein paar davon sind nämlich von mir."

„Und von uns", sag ich. „Wenn schon Freiheit, dann auch richtig."

„Das stimmt auch wieder", sagt Gott.

„Wir könnten es Teamwork nennen", sag ich. „Und wirklich nur ein paar?"

„Da muss gott echt aufpassen, was gott sagt", sagt Gott. „Ich meinte die Ideen, wo ihr merkt, dass es um eine große Hoffnung geht."

„Und wo aber niemand wegen der Idee unter die Räder kommen soll", sag ich. „Das ist wichtig, dass nicht irgendwann große Ideen wichtiger sind als kleine Menschen."

„Sieht man ja an eurer Kirche“, sagt Gott. „Wenn das passiert, dann geht es nämlich schneller bergab, als ein Generalvikar ‚Kirchenaustritt‘ sagen kann.“

„Es ist immer noch auch deine Kirche“, sag ich.

„Ja, vermutlich schon“, sagt Gott.

Wir schauen eine Weile aufs Wasser, wo sich das Klimawandel-Mahnmal sacht bewegt.

„Also, es ist viel zu tun“, sagt Gott.

„Nicht nur in der Kirche“, sag ich.

„Nee“, sagt Gott.

„Obwohl da auch genug zu tun wäre“, sag ich.

„Ach“, sagt Gott, „ich finde das eigentlich gut, dass ihr euch nicht nur um die Kirche kümmert.“

„O.k.“, sag ich. „Dann ist es ja genau richtig, dass wir über Freiwilligendienste und Ausbildungsplätze und so reden wollen.“

„Sowas von“, sagt Gott.

„Danke“, sag ich.

„Ich freu mich, wenn ihr merkt, dass ich dabei bin“, sagt Gott. „Aber das muss nicht sein, weißt du ja.“

„Ja“, sag ich. „Du bleibst ja gerne mal im Hintergrund.“

„So ist es“, sagt Gott. „Also los, hoppi-hoppi.“

Wir stapeln unsere Kaffeebecher in das Spülkörbchen neben dem Kaffeemobil.

„Dann mach's mal gut“, sagt Gott. „Und wenn es passt, dann grüß schön von mir.“

„Mach ich“, sag ich. „Und wo gehst du noch hin?“

„Ach, hierhin und dorthin“, sagt Gott vage. „Ich schau mal, wo ich gebraucht werde.“

„Das machen wir dann wohl auch“, sag ich.

„Ich finde es immer großartig –“, fängt Gott an,

„– wenn du und ich das Gleiche vorhaben“, sag ich.

„Genau“, sagt Gott. „Dann habt es mal gut.“

„Du auch“, sag ich. „Bis bald mal wieder. Und Amen.“

Jugendsonntag II / Ukrainekrieg V

Im Juni 2022 wurden die im Februar getopften Bäume im Gebiet des Bistums Aachen auf die teilnehmenden Gruppen verteilt, wegen der großen Nachfrage ergänzt um fertig getopft zugekaufte Bäume. Gepflanzt wurden alte, regionale Obstsorten, und die Basis der Verteilaktion war die BDKJ-Jugendbildungsstätte Rolleferberg im Süden von Aachen.

„Bäume pflanzen ist was Gutes", sag ich.

„Was sehr Gutes", sagt Gott.

„Das ist echt groß geworden", sag ich. „167 Bäume für Gruppen im ganzen Bistum!"

„167-mal anpacken für meine Schöpfung", sagt Gott. „Das ist mega."

„Das war und wird auch noch echt viel Arbeit", sag ich und massiere meine Hände. „Schon das Sortieren hier. Spätestens der fünfzigste Baum ist deutlich schwerer als gedacht."

Gott und ich sitzen auf einem der neuen Fahrradständer und schauen zur Wiese hinüber, wo die Bäume nach Orten sortiert stehen, um in die Transporter geladen zu werden.

„Ja", sagt Gott. „Das hätte ich euch vorher sagen können, aber da habt ihr zum Glück nicht so viel drüber nachgedacht."

„Für Bäume lohnt sich das", sag ich. „Und in zwei oder drei Jahren können sie das erste Mal ernten."

„Ja", sagt Gott. „Wenn alles gutgeht."

„Als wir die ersten Bäume im Winter in die Kübel gepflanzt haben, da hatte der Krieg in der Ukraine gerade angefangen", sag ich.

„Ja", sagt Gott.

„Das weiß ich noch, weil wir da gesagt hatten, wir pflanzen fürs Klima und für den Frieden", sag ich.

„Ja", sagt Gott.

„Und jetzt ist immer noch kein Frieden geschlossen", sag ich. „Noch nicht mal ansatzweise verhandelt."

„Nein", sagt Gott. „Immer noch nicht."

„Und wir haben auch wieder andere Themen", sag ich.

„Die Bäume sind noch da", sagt Gott.

„Du vergisst nicht, oder?", sag ich.

„Nein", sagt Gott. „Die Bäume nicht und die Menschen nicht."

„Und ihre Hoffnungen auch nicht", sag ich.

„Nein", sagt Gott. „Und euch auch nicht."

„Du bist dabei, wenn sie die Bäume pflanzen", sag ich.

„Und wenn sie sie gießen", sagt Gott. „Und wenn sie später wiederkommen und anderen erzählen, wie sie den Baum gepflanzt haben."

„Und sie werden die Bäume unter anderen herauskennen", sag ich. „Sie werden sagen können, das ist der Jugendsonntags-Baum."

„Ja", sagt Gott. „Worum man sich gekümmert hat, das bleibt."

„Wie die Welt wohl aussehen wird, wenn die Bäume einmal alt sind", sag ich.

Gott sagt nichts.

„Ich hoffe, gut", sag ich. „Ich hoffe, es wird friedlich sein und die Menschen werden zusammen deine Erde bewahren."

„Bäume pflanzen ist ein guter Anfang dafür“, sagt Gott.

„O.k.“, sag ich und stehe auf. „Dann mal los. Du kommst doch mit, oder?“

„Natürlich“, sagt Gott.

„Danke“, sag ich. „Dann bis nachher.“

„Ja“, sagt Gott. „Hab es gut. Und Amen.“

Dreifaltigkeit

Das Gespräch entstand wie auch das zum Christkönigsonntag vor dem Hintergrund der Notwendigkeit, einen liturgischen Beitrag für das anstehende Fest am kommenden Sonntag zu formulieren.

„Schöne Blumen hast du da stehen“, sagt Gott. Gott lehnt sich gegen meinen Schreibtisch und lässt den Blick über den Stapel Bücher gleiten, den ich beiseitegeschoben hatte, um Platz für die Vase zu machen.

„Ja, ne?“, sag ich. „Pfingstrosen sind immer gut.“

„Und trotzdem guckst du da ratlos vor dich hin“, sagt Gott. „Das passt irgendwie nicht zusammen.“

„Ich muss was über Dreifaltigkeit schreiben“, sag ich.

„Oh“, sagt Gott. „Oha.“

„Das ist nicht sehr hilfreich“, sag ich. „Musste das sein?“

„Was?“, fragt Gott. „Musste was sein?“

„Das Ding mit der Dreifaltigkeit“, sag ich.

„Gottsein ist halt komplex“, sagt Gott und zuckt die Schultern. „Kaffee?“

„Gute Idee“, sag ich.

„Na dann mach mal“, sagt Gott.

Ich seufze kurz und gehe in die Küche.

„Danke“, sagt Gott, als ich mit zwei Kaffeebechern zurückkomme.

„Dein Lieblingskaffeebecher war leider gerade nicht einsatzbereit“, sag ich und gebe Gott einen Becher mit Schafen drauf.

„Das ist o.k.“, sagt Gott. „Irgendwas ist immer. Solange du nicht vergisst, dass du kein Schaf bist.“

„Danke für die Erinnerung“, sag ich.

„Immer gerne“, sagt Gott.

„Also, die Dreifaltigkeit“, sag ich.

„Wozu willst du das wissen?“, fragt Gott. „Kannst du eh nicht nachmachen.“

Ich lache. „Mensch Gott, du bist echt ’ne Marke“, sag ich.

„Das will ich meinen“, sagt Gott und macht es sich auf der Fensterbank bequem.

„Mit wem von dir red ich eigentlich immer?“, frag ich.

„Das fragst du jetzt nicht im Ernst“, sagt Gott. „Mit mir natürlich. Also echt mal.“

„Aber wir nennen dich halt unterschiedlich“, sag ich.

„Ist dir eigentlich mal aufgefallen, dass ihr mich immer gendert?“, fragt Gott zurück. „Nur halt komplett männlich. Der Vater, der Sohn, der Geist. Das ist ein bisschen phantasielos.“

„Die Geistkraft ist weiblich“*, sag ich.

„Jaha“, sagt Gott. „Hauptgewinn, oder? Wo sie immer als Letztes drankommt und dafür als Erstes hintenüberfällt.“

„Das ist schon auch ein bisschen deine Angelegenheit“, sag ich. „Du hättest uns ja anders auf die Spur setzen können.“

„Ach“, sagt Gott. „Nicht nur Gottsein ist komplex. Menschsein anscheinend auch.“

„Das stimmt“, sag ich. „Wir lernen noch.“

---

* Das hebräische Wort für Geist/Wind/Wehen ist „Ruach“ und weiblich, die Übersetzung mit „Geistkraft“ holt das ins Deutsche.

„Siehst du“, sagt Gott.

„Du bist da und ich bin da“, sag ich. „Und die vielen Menschen da draußen und die Bäume im Park und die Sonne und die Wolken. Reicht das nicht?“

„Könnte sein“, sagt Gott leichthin.

„Und deine Geschichten sind noch da“, sag ich.

„Und die Pfingstrosen“, sagt Gott und streicht sacht über eine Blüte. „Die gäbe es auch nicht ohne mich.“

„Danke“, sag ich.

„Wofür genau?“, fragt Gott.

„Dass ich mit dir reden kann und so“, sag ich.

„Bitte“, sagt Gott. „Bist du sicher, dass du noch was schreiben willst?“

„Ich möchte von dir erzählen“, sag ich.

„Dann ist gut“, sagt Gott. „Du machst das schon.“

„Ich versuchs“, sag ich.

„Ja“, sagt Gott. „Ich weiß.“

Gott steht auf, stellt den leeren Kaffeebecher neben meinen und streicht mir leicht über den Rücken.

„Ich muss dann mal weiter“, sagt Gott.

„Versteh ich“, sag ich und lehne mich zurück, während Gott noch hinter mir steht, so dass ich mich kurz anlehnen kann. „Die Welt ist ja so groß.“ Ich stehe auf und gehe zur Tür.

„Eben“, sagt Gott und kommt mir hinterher. „Und es gibt noch mehr zu tun, als über mich nachzudenken.“

„Sowas von“, sag ich und halte Gott die Tür auf. „Bis bald mal wieder, o.k.?“

„Auf jeden Fall“, sagt Gott im Hinausgehen. „Bis bald mal wieder. Hab es gut. Und Amen.“

BDKJ-Diözesanversammlung 2022

Auch die Diözesanversammlung des BDKJ Aachen fand 2022 zum ersten Mal seit Ausbruch der Corona-Pandemie wieder in Präsenz in der Jugendbildungsstätte Rolleferberg statt. Damit alle Mitglieder teilnehmen konnten, auch bei kurzfristiger Quarantänepflicht, wurde eine hybride Versammlungsform ermöglicht. Die Jugendbildungsstätte hatte über Jahre eine legendär schlechte Internetversorgung. Erst mit der Möglichkeit, zu vertretbaren Kosten einen satellitengestützten Internetempfang zu installieren, hat sich das gerade noch rechtzeitig vor der Diözesanversammlung geändert. Auf der Tagesordnung standen – neben dem auch im BDKJ Aachen gefeierten 75-jährigen Jubiläum – Beratungen zu Demokratie in der Kirche, zur Ausgestaltung der Freiwilligenarbeit und zur Unterstützung für Kinder aus und in der Ukraine.

„Da bist du ja", sagt Gott, als Gott durch den Innenhof in den Saal kommt.

„Ja, endlich", sag ich. „Also, wir mal wieder."

„Ja", sagt Gott. „So siehts aus. Scheint ja alles parat zu sein, oder?" Gott guckt sich im Saal um. „Bemerkenswert viele Kabel", sagt Gott.

„Wir brauchen ja auch ungefähr 5.000-mal mehr Kabel als vor Corona", sag ich. „Für hybrid."

„Die Zahl scheint mir ein kleines bisschen übertrieben zu sein, aber immerhin habt ihr ja jetzt gutes Internet in Rollef", sagt Gott.

„Ja, es geschehen noch Zeichen und Wunder", sag ich.

Gott lacht. „Und wie für jedes Wunder brauchtet ihr einfach nur eine gute Idee, den richtigen Zeitpunkt und ein bisschen Mühe“, sagt Gott.

„Das mag stimmen“, sag ich. „Beziehungsweise ist das jetzt erstmal der Härtetest, meinte Elodie. Und das war echt nochmal viel Stöpselarbeit für unsere Leute, das mit der hybriden Konferenz. Da können sie jetzt ein langes Lied von singen.“

„Ich weiß“, sagt Gott. „Lange Lieder von langen LAN-Kabeln.“

Jetzt bin ich es, die lacht. „Ja“, sag ich. „Und mein Satz des Tages: ‚Nimm mal dieses Kabel, damit müsste es vielleicht funktionieren.‘“

Gott lacht wieder. „Ihr seid echt nett“, sagt Gott. „Und ich bin jedenfalls voll gerne hier. Und bei denen, die übers Internet teilnehmen, natürlich auch.“

„Wie war das, eine gute Idee und ein bisschen Mühe ergeben ein Wunder?“, frag ich nach einer kleinen Pause.

„Ich finde schon“, sagt Gott. „Von der Schöpfung an.“

„Dann war die Gründung des BDKJ Aachen auch ein Wunder, oder?“, sag ich.

„Na du hast ja mal Ideen“, sagt Gott.

„Och“, sag ich. „Stell dir doch mal vor, so kurz nach dem Krieg, und so viel war noch total provisorisch, und sie haben das hingekriegt und es hat bis heute gehalten.“

„Das stimmt“, sagt Gott. „Es hat sich verändert und gehalten, beides.“

„Aber weißt du, was nicht sein sollte?“, sag ich. „Dass wir 75 Jahre später wieder mit Kindern und Jugendlichen zu tun haben, die aus einem Krieg kommen.

Kinder, die einen Panzer malen, wenn sie ihr Lieblingsfahrzeug malen sollen."

„Nein", sagt Gott. „Das sollte nicht sein. Aber es ist gut, dass ihr darüber sprecht."

„Wir versuchen unser Bestes", sag ich. „Auch wenn es wenig ist angesichts der Nachrichten."

„Ich weiß", sagt Gott.

„Ich finde, wir haben ein gutes Programm für dieses Wochenende", sag ich.

„Das finde ich auch", sagt Gott. „Gucken, was war, und beraten, was werden soll. Und feiern, und wählen. Alles gute Sachen."

„Du bleibst da, oder?", sag ich.

„Aber selbstverständlich", sagt Gott. „Ihr werdet das schon merken."

„Dann ist gut", sag ich. „Dann brauch ich ja auch gar nicht ‚bis bald mal wieder' sagen."

„Brauchst du nicht", sagt Gott. „Aber ich bleibe ..."

„... inkognito wie immer", bringe ich den Satz zu Ende. „Ich weiß. Dann wünsch ich dir eine gute DV."

„Ich euch auch", sagt Gott. „Viel Freude, und habt es gut."

„Danke", sag ich. „Und Amen."

Verabschiedung

*Ende August 2022 endete meine zweite Amtszeit als Geistliche Leiterin des BDKJ-Diözesanverbands Aachen. Weil ich nicht erneut kandidiert hatte, endete damit auch meine Zeit im BDKJ-Diözesanvorstand. Anfang September durfte ich mit den Jugendverbandler*innen bei einem Spätsommerfest meinen Abschied feiern – natürlich in Rolleferberg. Wie so viele Male vorher auch war ich mit dem Rad da. Der Radweg von Aachen nach Rollef führt über den Vennbahnweg – die für den Radverkehr ausgebaute ehemalige Bahnstrecke von Aachen ins belgische Troisvièrges. Mehrere Viadukte überwinden die Senken der Region, der von Aachen aus gesehen erste liegt direkt neben der Jugendbildungsstätte, so dass man vom Viadukt aus zum Haus hinuntersehen kann. Zu diesem Abschied hatte ich – natürlich – ein Gespräch mit Gott mitgebracht. Als ich mit Gott über meine berufliche Zukunft spreche, haben wir beide im Hinterkopf, dass ich ja weiterhin im pastoralen Dienst des Bistums Aachen bleibe und nur einen anderen Einsatzort bekomme. Die Frage „Hund oder Katze?“ schließlich, die Gott erwähnt, ist eine beliebte Spaßfrage gegen Ende der Befragung von Kandidat*innen für (vorstands-)Ämter in Kinder- und Jugendverbänden, wenn es nur darum geht, noch etwas Persönliches zu hören.*

„Hey“, sagt Gott und bleibt neben meinem Rad stehen, als ich gerade vom Viadukt nach Rollef hinunterschaue.

„Hey Gott“, sag ich. „Schön, dich zu sehen. Gleich ist mein Abschied beim BDKJ.“

„Ja“, sagt Gott, „ich weiß. Alles hat ein Ende.“

„Du nicht“, sag ich.

„Stimmt auch wieder“, sagt Gott. „Wie wärs mit einem Alt, wenn du schon hier Pause machst?“ Gott zieht zwei Flaschen aus dem Rucksack.

„Danke“, sag ich und nehme die Flasche, die Gott mir entgegenstreckt. „Mir ist zu Ohren gekommen, du hättest gegrummelt, dass dir immer nur Kaffee angeboten würde.“

Gott wird ein bisschen rot.

„Und ich wurde gebeten, dich mal zu einem Espresso Martini einzuladen, weil die Kirche anders gerade nicht zu ertragen wäre“, sag ich.

Gott guckt.

„Aber ein Alt mit dir mag ich am liebsten“, sag ich. „Bei meinen Leuten heißt das schon öfters ‚das Getränk Gottes‘.“

„Ein wahres Wort“, sagt Gott. „Mit dir trink ich eben Kaffee oder Alt. Und mit anderen Tee oder Espresso Martini. Prost.“

Gott lässt den Verschluss aufplöppen, stößt sachte meine Flasche an und lehnt sich neben mich ans Geländer.

„Prost“, sag ich.

„Also“, sagt Gott, „worüber möchtest du reden?“

„Das wird heute wohl das letzte Mal, dass ich beim BDKJ von dir und mir erzähle“, sag ich.

„Und wie ist das so?“, fragt Gott.

„Das passt schon“, sag ich. „Ich weiß halt noch nicht so genau, was jetzt kommt.“

„Wo du arbeiten wirst, weißt du jetzt aber“, sagt Gott.

„Ja“, sag ich. „Frauenseelsorge und Hochschulseelsorge, vertretungsweise. Aber was mich wirklich beschäftigen wird, das weiß ich noch nicht, verstehst du?“

„Ja“, sagt Gott. „Das versteh ich.“„

„Das war eine lange Zeit beim BDKJ, so insgesamt“, sag ich.

„Und nicht immer leicht“, sagt Gott.

„Nein“, sag ich. „Manchmal wars auch richtig mühsam.“

„Ja“, sagt Gott. „Und nicht nur, als du mal durch hohen Schnee hier langgefahren bist.“

„Oh, ja“, sag ich. „Das war krass. Nein, nicht nur da.“

„Und es hat sich dann doch gelohnt“, sagt Gott.

„Ja“, sag ich. „Das glaub ich auch. Sowas von. Und es passt jetzt auch echt mit dem Aufhören, wenns am schönsten ist.“

„Das freut mich“, sagt Gott.

„Ich hab so viel gelernt“, sag ich.

„Ich weiß noch, wie du bei deiner ersten KoMV warst“, sagt Gott.

Ich lache. Gott lacht auch.

„Ich hatte sowas von keinen Plan“, sag ich.

„Ja“, sagt Gott. „Das ist aber auch wirklich lange her jetzt. Wirst du es vermissen?“

„Vermutlich“, sag ich. „Obwohl das jetzt echt o.k. ist mit Abschied und so.“

„Aber?“, fragt Gott.

„Ich glaube, was es schwerer macht, ist, dass es in den anderen Teilen der Kirche eben nicht so ist wie hier“, sag ich. „Keine richtigen Wahlen, keine Rechenschaftspflicht, keine Demokratie.“

„Ja“, sagt Gott.

„Das ist so unnötig“, sag ich. „All das, was deswegen schiefläuft.“

„Du hattest mal dieses Bild von der Katze, die sich in den Schwanz beißt“, sagt Gott. „Für einen Vortrag über Kirchenreform und Kirchenrecht.“

„Ja“, sag ich.

„Die Katze hört erst damit auf, wenn es wirklich weh tut“, sagt Gott.

„Vielleicht nicht mal dann“, sag ich. „Ich hab ehrlich gesagt noch nie eine Katze gesehen, die sich in den Schwanz beißt. Außer in diesem Bild natürlich, und wer weiß, wie das entstanden ist.“

„Ist aber witzig“, sagt Gott.

„Ja“, sag ich. „Darum hatte ich es ja ausgesucht.“

„Hund oder Katze ist auch eine beliebte Frage bei euren Wahlen“, sagt Gott nach einem letzten Schluck aus der Flasche. „Und das mit der Selbstbeschreibung als Bibelstelle. Wenn du danach gefragt worden wärst, was hättest du nochmal gesagt?“

„Wir sind nicht dazu da, über euren Glauben zu herrschen, sondern unser Job ist es, zu eurer Freude beizutragen“, sag ich. „Zweiter Korintherbrief, Nummern hab ich vergessen.“

„Kapitel 1, Vers 24“, sagt Gott.

„Danke“, sag ich.

„Bitte“, sagt Gott. „Damit kannst du dann ja auch gut weitergehen, schätze ich.“

„Ja“, sag ich und steige wieder auf mein Rad. „Aber erstmal werd ich jetzt da runterfahren.“

„Tu das“, sagt Gott.

„Du wirst dabeibleiben, oder?“, sag ich. „Also bei den Verbänden, mein ich.“

„Ja klar“, sagt Gott.

„Gut zu wissen“, sag ich. „Die leere Flasche kannst du mir mitgeben, wenn du magst, da kommen gleich noch mehr dazu. Aber zumachen, bitte.“

„Danke, sehr praktisch“, sagt Gott und steckt mir die Flasche in die Fahrradtasche. „Dann habt es mal gut.“

„Du auch“, sag ich im Anfahren. „Bis bald mal wieder.“

„Ja“, sagt Gott. „Grüß schön von mir. Und Amen.“

Zwischenbilanz: Kirche nach Corona

„Kerzchen sind immer noch viele da“, sagt Gott.

„Hallo, Gott“, sag ich. „Soll ich für dich auch eins anzünden?“

„Bitte“, sagt Gott.

Wir stehen eine Weile vor dem Kerzchenständer und schauen den flackernden Lichtchen zu.

„Es wird also nicht weniger gebetet“, sag ich.

„Überhaupt nicht“, sagt Gott. „Nur anders vielleicht.“

„Na ja, es gibt ja auch gerade echt viele Anlässe“, sag ich. „Es hört gar nicht mehr auf.“

„Ja“, sagt Gott leise. „Ich weiß.“

„Wir haben bei Corona gemerkt, wie zerbrechlich unser Leben ist“, sag ich. „Dass es unseren ganzen Alltag umkrempeln kann, einfach so. Und dann ist auch noch der Krieg in der Ukraine dazugekommen. Und die Energiekrise.“

„Aber es hat euch nicht in die Kirchen gezogen“, sagt Gott.

„Wir sind uns nicht mehr sicher, ob wir dich da gut treffen können“, sag ich. „Und ob uns das lebendig macht.“

„Mich treffen könnt ihr überall“, sagt Gott. „Das weißt du ja. Aber wo trefft ihr euch?“

„Ich glaube, wir verarbeiten noch“, sag ich. „Es ist eben nicht mehr selbstverständlich, dass man mit anderen Leuten im Großen und Ganzen einig ist.“

„Fehlt euch eine große Erzählung?“, fragt Gott.

„Vielleicht“, sag ich. „Hättest du denn gern, dass es wieder wie früher wäre?“

„Ich komm schon klar“, sagt Gott. „Für euch ist das schwieriger.“

„Wir müssen erstmal neu gucken, was wir brauchen“, sag ich. „Und dann hoffe ich, dass wir wieder anknüpfen können. Weil deine Geschichten ja nicht verloren gehen.“

„Das stimmt“, sagt Gott. „Die sind gut abgehangen und halten sich noch eine lange Weile.“

„Du lässt uns nicht, oder?“, sag ich.

„Nie“, sagt Gott. „Und ich schaue euch so gerne an.“

„Gut zu wissen“, sag ich. „Dann bis zum nächsten Mal, o.k.?“

„O.k.“, sagt Gott. „Hab’s gut. Und Amen.“

Lichtfeiern

„Mach doch mal die Kerze an“, sagt Gott. „Ich glaube, das hilft.“

„O.k.“, sag ich müde und suche nach den Streichhölzern.

„Hier, sie sind dir hinter den Bücherstapel gerutscht“, sagt Gott.

„Danke“, sag ich.

Gott sieht mir zu, wie ich die Kerze auf meinem Schreibtisch anzünde. Es wird merklich heller, obwohl es draußen noch gar nicht richtig dunkel ist.

„Du packst also auch immer die abgebrannten Streichhölzer zurück in die Schachtel“, sagt Gott.

„Warum, wer noch?“, frag ich.

„Mehr Leute, als du ahnst“, sagt Gott. „Ihr seid euch in so vielem so ähnlich und wisst es oft gar nicht.“

„Mag sein“, sag ich. Wir schauen in die flackernde Flamme.

„Das war eine gute Idee“, sag ich.

„Ja, find ich auch“, sagt Gott. „Das war schon bei den ganz frühen Menschen eine gute Idee. Auch wenn’s gefährlich bleibt.“

„Du warst dabei, oder?“, sag ich.

„Natürlich“, sagt Gott. „Das war nämlich wichtiger als Werkzeuge herstellen. Feuer machen, singen, Tote begraben. Da hab ich gewusst, dass ihr gerade meine Menschen werdet.“

„Manchmal kommt die Dunkelheit so allmählich“, sag ich. „Da merk ich gar nicht, wie es immer finsterer um mich wird.“

„Ja“, sagt Gott.

„Das fand ich im Sinai so krass“, sag ich. „Also wie schnell es da dunkel wird. Ich wollte zugucken, und zack, dunkel. Als hätte jemand das Licht ausgemacht.“

„Dafür konntest du da die Sterne sehen“, sagt Gott.

„Oh, ja“, sag ich. „Sowas von. So viele. Da hab ich gespürt, wie weit die Welt um mich herum ist.“

Wir schauen eine Weile in die Kerze.

„Es ist o.k., ein kleines Licht zu sein“, sag ich. „Ein kleines Licht macht voll den Unterschied.“

„Ein kleines Licht der Welt“, sagt Gott.

„Meinst du das wirklich?“, frag ich.

„Ja“, sagt Gott.

„Ein kleines Licht kommt auch gegen eine große Dunkelheit noch an“, sag ich.

Gott lächelt.

„Kaffee?“, frag ich.

„Gern“, sagt Gott. „Und dann zieh ich weiter. Hab viel zu tun dieser Tage.“

„Ja“, sag ich. „Ich weiß.“

„Dann komm“, sagt Gott.

„Ja“, sag ich. „Danke. Und Amen.“

Out in Church

„Schau mal, ein Regenbogen“, sag ich.

Ich stehe neben Gott unter der Markise beim Bäcker. Ich hatte uns Kaffee geholt und puste sachte, während wir zu den regennassen Bäumen am Rand des kleinen Parks gegenüber schauen, über denen sich ein zarter Regenbogen spannt.

„Ich weiß“, sagt Gott und nippt am Kaffee. „Ich mag Regenbögen.“

„Ich auch“, sag ich. „Dein Zeichen für uns.“

„Ja, immer noch“, sagt Gott. „Manche Sachen halten sich über Jahrtausende.“

„So lange die Erde besteht…?“, frag ich.

„Ja“, sagt Gott.

„Ich finde das so schön, dass es ein Regenbogen ist, der uns an dich erinnert“, sag ich, „und kein Donnerwetter.“

„Er braucht euch nicht unbedingt an mich zu erinnern“, sagt Gott. „Er ist auch so schön.“

„Und Leute feiern ihn als ihre gemeinsamen Farben“, sag ich. „Wie ein Erkennungszeichen.“

„Es ist erstaunlich, dass das in eurer Kirche nicht selbstverständlich ist“, sagt Gott.

„Es ist auch deine Kirche“, sag ich.

Gott nimmt einen Schluck Kaffee.

„Mit dir gegen den Regenbogen zu sein ist irgendwie paradox“, sag ich.

„Das war nicht meine Idee“, sagt Gott.

„Du ziehst dich da immer so elegant raus, ey“, sag ich.

„Erstens ist das nicht elegant, sondern ganz schön mühsam“, sagt Gott, „und zweitens macht mir das auch keinen Spaß, echt mal. Aber versprochen ist versprochen, ich lass euch nicht.“

„Aber du bist lieber mit dem Regenbogen unterwegs“, sag ich. „Und leuchtest über allem, oder?“ Jetzt ist der Kaffee genau richtig warm.

„Ich mag Regenbögen einfach“, sagt Gott. „Und ich wollte mit euch das Leben feiern. Noch Fragen?“

„Es kann so schön sein, wenn wir das spüren“, sag ich. „Aber es ist so wenig selbstverständlich. Und ich frag mich, wie lange Leute das noch aushalten. Vor allem in deiner Kirche.“

„Ein Regenbogen, kein Schwarz-Weiß“, sagt Gott. „Das kann doch nicht so schwer sein.“

„Ist es aber“, sag ich. „Für die einen schwer zu spüren und für die anderen schwer auszuhalten.“

Der Regenbogen ist jetzt fast verschwunden.

„Danke für den Kaffee“, sagt Gott und steckt den Pfandbecher ein. „Grüß schön von mir.“

„O.k.“, sag ich. „Bis bald mal wieder.“

„Ja“, sagt Gott. „Habt es gut. Und Amen.“

Gottesbilder

„Hey“, sagt Gott, als ich gerade die Fahrradtasche am Gepäckträger einhake. „Wo gehts hin?“

„Nach Kempen“, sag ich, „ein Gemeindeabend zum Thema Gottesbilder.“

„Oh, an den Niederrhein“, sagt Gott.

„Deine Heimat“, sag ich.

„Exakt“, sagt Gott. „Und deine. Ein guter Plan. Und dann?“

„Dann erzähl ich wieder von dir“, sag ich. „Über Bilder von dir und so.“

„Oho“, sagt Gott.

„Gefällt dir das?“, frag ich. „Gibts irgendwas, worauf ich besonders achten soll?“

„Ihr braucht Bilder“, sagt Gott.

„Ja“, sag ich.

„Machs bunt“, sagt Gott. „Ich mag es bunt.“

„Ja“, sag ich. „Ich werde mich bemühen.“

„Das ist schon mal gut“, sagt Gott.

„Aber ich weiß echt wenig von dir, ehrlich gesagt“, sag ich.

„Das stimmt“, sagt Gott. „Das ist normal bei Menschen. Besonders bei erwachsenen Menschen.“

„Manchmal spüren wir dich“, sag ich.

Gott lächelt.

„Ich hab so meine Mittel und Wege“, sagt Gott.

„Die nicht unsere Wege sind“, sag ich.

„So ist es“, sagt Gott.

„Und du liebst diese Welt“, sag ich. „Steht auch in der Bibel.“

„Sowas von“, sagt Gott. „Sonst gäbe es sie übrigens auch nicht.“

„Ja“, sag ich. „Buch der Weisheit, Kapitel 11.“

„Erstaunlich, dass du das weißt“, sagt Gott.

„Ich hab gespickelt, was nächsten Sonntag als Lesungstext dran ist“, sag ich.

„So ein Zufall“, sagt Gott.

„Du liebst diese Welt trotz allem?“, frag ich.

„Ja“, sagt Gott. „Wie gesagt, sonst gäbe es sie nicht.“

„Findest du unsere Bilder von dir eigentlich gelungen?“, frag ich.

„Du lässt heute echt nicht locker, oder?“, sagt Gott.

„Nee“, sag ich.

„Na gut“, sagt Gott. „Glaubst du denn, dass das die entscheidende Frage ist? Also ob ich eure Bilder von mir gelungen finde?“

„Wie meinst du das?“, frag ich.

„Ich bin doch Gott“, sagt Gott. „Ich will, dass ihr zurechtkommt. Du musst dein Rad mal wieder aufpumpen, übrigens.“

„Das ist alles?“, frag ich.

„Die Vorderradbremse noch“, sagt Gott. „Du weißt schon, die Bremsbeläge. Aber sonst ist alles in Ordnung. Auch das Rücklicht.“

„Ich meinte das mit dem Zurechtkommen, du Scherzkeks“, sag ich. „Ob das alles ist.“

Gott lacht. „Weiß ich doch“, sagt Gott. „Und für Menschen ist das mehr als genug.“

„Möglich“, sag ich.

„Siehst du“, sagt Gott. „Und übrigens, *meine* Bilder von mir finde ich sogar sehr gelungen.“

Ich gucke fragend.

„Euch, Herzchen", sagt Gott. „Du bist noch nicht ganz da, oder? Euch finde ich sehr gelungen. Und frag gar nicht erst – dich auch."

„Ach, Gott", sag ich.

„Ja", sagt Gott, „so ist das. Fahr schon mal vor. Ich setz mich dann nachher dazu."

„Diskret wie immer", sag ich.

„Genau", sagt Gott. „Hab es gut, man sieht sich. Bis dann."

„Bis dann", sag ich. „Und Amen."

Reich Gottes

*Dieses Gespräch habe ich mit Gott am Katholischen Hochschulzentrum QuellPunkt geführt, eine Einrichtung der Hochschulseelsorge am erweiterten Campus der Rheinisch-Westfälischen Technischen Hochschule in Aachen. Von dort aus sieht man direkt hinüber zum Aachener Universitätsklinikum. Ich habe das Gespräch während meiner kurzen Zeit als Elternzeitvertretung am QuellPunkt als geistlichen Impuls für ein Treffen der Aachener Pastoralreferent*innen mitgebracht.*

„Weißt du, du brauchst eigentlich gar nicht viel von mir zu erzählen", sagt Gott plötzlich.

„Huch", sag ich und wende meinen Blick vom Fenster ab. „Du bist da."

„So bin ich", sagt Gott. „Ich dachte mir, bei dir bekomme ich vielleicht einen Kaffee."

„Guten Kaffee und eine tolle Aussicht", sag ich und hole für Gott einen Espresso an der großen Kaffeemaschine. „Heute mal ein weißer Becher ohne alles", sag ich, als ich zurück am Schreibtisch vor der Glasfront bin. „Schafe gibts hier nicht und deinen Lieblingskaffeebecher hab ich zu Hause."

„Das passt schon", sagt Gott. „Das ist ja mal ein Blick von hier aus."

Wir schauen zum Klinikum hinüber und zum Aachener Wald dahinter.

„Guck mal, von hier aus sieht man sogar den Aussichtsturm am Dreiländereck", sag ich. „Da haben wir uns auch mal getroffen."

„Ja", sagt Gott. „Und, was liegt jetzt so an?"

„Gute Frage", sag ich.

„Ein Punkt für mich", sagt Gott.

„Sag mal, was ist jetzt eigentlich mit deinem Reich?", frag ich.

„Wieso?", fragt Gott.

„Guckst du etwa nervös?", frag ich.

„Ach was", sagt Gott.

„Ist das nicht ein bisschen doof, so danebengelegen zu haben mit einer Prognose?", frag ich. „Mit einer Prognose über das eigene Ding noch dazu?"

„Tja", sagt Gott. „Da macht man nix."

„Aber du hättest doch was ändern können", sag ich. „Wenn du sie schon nicht herbeiführen wolltest, warum hast du dann selber so darauf bestanden, dass es voll die Apokalypse geben würde? Alle 1.000 Jahre haben wir Endzeitstimmung deswegen, mindestens."

„Also erstens", sagt Gott, „ist da immer noch das Ding mit Senden und Empfangen, und zweitens, denkst du, du kannst dich hier einfach zurücklehnen, das Klinikum angucken und darauf warten, dass ich meine Pläne verwirkliche? Ich hab schon ganz andere Sachen verwirklicht, by the way."

„Na ja, wenn Menschen anfangen, dein Reich bauen zu wollen, dann geht das gerne mal schief", sag ich. „Irgendwann eskaliert das immer."

„Siehst du", sagt Gott.

„Aber du könntest doch", sag ich. „Oder nicht?"

„Die alte Frage", sagt Gott. „Es wird nicht anders, wenn du sie immer wieder stellst. Als ob ich es toll finden würde, wie schwer ihr euch tut. Mit allen Infos übrigens. Und wie's aussieht, schafft ihr euch ja gerade eure eigene Apokalypse."

„Und wir haben Leute, die in allem noch versuchen, was Gutes rauszuhauen", sag ich. „Ne Menge davon arbeiten da drüben im Klinikum."

„Ja", sagt Gott. „Und dann gibt es auch noch deine Leute."

„Ja, seltsam, oder?", sag ich. „Ich hoffe ja immer, dass es unterm Strich was bringt, von dir zu erzählen. Oder dich mitzunehmen, wenn es schwierig wird. Aber sicher bin ich mir nicht."

„Das wäre vielleicht auch gar nicht so gut", sagt Gott.

„Wenn du das sagst", sag ich.

„Mein Reich", sagt Gott und schüttelt leicht den Kopf. „Mindestens ans Wording müsste echt mal jemand ran."

„Ach, ich dachte halt nur gerade daran, dass wir so weiterleben und wo darin wohl deine Verheißung ist", sag ich.

„Verheißung ist ein schönes Wort", sagt Gott. „Danke für den Kaffee, ich muss dann mal weiter."

„Ich weiß", sag ich. „Da drüben wirst du bestimmt auch gebraucht."

„Ja", sagt Gott und drückt mir die leere Tasse in die Hand. „Bis bald mal wieder. Man sieht sich."

„Hoffentlich", sag ich.

„Bestimmt", sagt Gott. „Habs gut."

„Du auch", sag ich. „Und Amen."

Spirituelle Autonomie

Dieses Gespräch am Frankfurter Hauptbahnhof fand anlässlich einer Tagung zu „Spiritueller Autonomie“ statt, die im Dezember 2022 vom Bistum Limburg ausgerichtet wurde.

„Hey, schön, dich zu sehen“, sagt Gott.

„Oh, hallo Gott“, sag ich. „Ich wollte mir gerade einen Kaffee holen, willst du auch einen?“

„Gern“, sagt Gott und zieht den Pfandbecher aus der Tasche. „Bringst du mir einen mit?“

„Klar“, sag ich und stelle mich in die kurze Schlange am Kaffeestand in der Bahnhofshalle.

Als ich zurückkomme, hat Gott sich schon auf eines der Geländer am Kopf der Bahngleise gesetzt.

„Danke“, sagt Gott, als ich Gott den Kaffeebecher gebe und mich auch auf das Geländer setze.

„Schöner Blick von hier aus“, sag ich, „so die Gleise entlang nach vorn.“

„Ja“, sagt Gott.

„Und die Weichen ganz hinten“, sag ich. „So viele Möglichkeiten.“

Gott lächelt.

„Schade, dass wir in deiner Kirche oft nur so eingleisig unterwegs sind“, sag ich.

„Es ist mindestens so viel deine Kirche wie meine“, sagt Gott.

„Wenn, dann unsere“, sag ich. „Und auch das nur mit Vorbehalt, ich darf ja nicht in die Leitstelle, du erinnerst dich.“

„Ich hab dir doch gesagt, das war nicht meine Idee“, sagt Gott.

„Siehst du, so gehts mir auch oft“, sag ich. „Es ändert nichts. Wir dürfen nicht mitentscheiden, aber wenn was schiefgeht, dann sind es immer ‚wir alle‘, die es verbockt haben.“

„Was ihr entscheiden dürft oder nicht, das ist eine Sache der Perspektive“, sagt Gott.

„Wie meinst du das?“, frag ich.

„Es ist doch wohl deine Sache, wie du mit mir redest“, sagt Gott. „Wär mir jedenfalls aufgefallen, wenn du dich da an irgendwelche Regeln halten würdest.“

„Aber meine religiöse Muttersprache ist katholisch, das weißt du doch“, sag ich. „Und die Grenzen meiner Sprache sind die Grenzen meiner Welt, oder so ähnlich jedenfalls. Und ich hab mich auch echt lange an die Regeln gehalten.“

„Ja“, sagt Gott, „ich weiß.“

„Aber du meinst, Sprache ist mehr zum Spielen als zum Rechthaben da?“, frag ich.

„Interessanter Gedanke“, sagt Gott.

„Wir haben es nicht so mit dem Spielen“, sag ich. „Das ist alles bitterer Ernst.“

„Das ist ein bisschen schade“, sagt Gott.

„Ich finde es schön, dich bei einem Kaffee zu treffen“, sag ich. „Aber du bist auch da, wenn Leute den offiziellen Weg gehen, oder?“

„Einen der offiziellen Wege“, sagt Gott. „Aber ja, klar. Ist halt ein bisschen formeller alles.“

„Aber du verlangst das nicht?“, frag ich.

„Seh ich so aus?“, fragt Gott.

Ich werfe Gott einen Seitenblick zu und überlege.

„Für mich nicht", sag ich schließlich.

„Siehst du", sagt Gott. „Ich bin da flexibel."

„Hm", sag ich. „Aber wenn du so flexibel bist, wie kann ich dann wissen, dass das wirklich du bist? Das ist doch wie, wer für alles offen ist, kann nicht ganz dicht sein?"

Gott lacht.

„Ich schätze, das musst du ausprobieren", sagt Gott.

„O.k.", sag ich. „Wenn du das sagst."

„Und wenn du das glaubst", sagt Gott.

„Ist gut", sag ich.

„Das glaub ich auch", sagt Gott, drückt den Deckel auf den leeren Pfandbecher und steckt ihn wieder ein.

„Aber was ist mit uns, so alle zusammen?", frag ich. „Alleine mit dir reden ist das eine, aber wie geht das mit anderen, wenn nicht auf dem offiziellen Weg?"

„Vielleicht wäre es gut, ihr würdet darüber reden", sagt Gott.

„Das wird dann aber sehr kleinteilig", sag ich.

„Das liegt in der Natur der Sache, ihr seid ja auch eher kleinteilig", sagt Gott und klettert vom Geländer. „Ihr schafft das schon."

„O.k.", sag ich und lasse mich auch vom Geländer rutschen. „Ich muss dann auch gleich weiter."

„Dann habs mal gut, und bis bald mal wieder", sagt Gott und verschwindet schon fast zwischen den Menschen, die vom Nachbarbahnsteig kommen. Gott winkt noch kurz.

„Ja", sag ich und winke auch. „Bis bald mal wieder. Und Amen."

Advent

„Hey, was liegt an?“, fragt Gott.

„Oh, wie schön, dass du vorbeikommst“, sag ich. „Du kommst gerade richtig.“

„Warum?“, fragt Gott, setzt sich auf die Fensterbank und schaut zur Weihnachtsbeleuchtung auf der Straße hinunter.

„Ich sitze mal wieder an deiner Geburtsgeschichte“, sag ich. „Der Engel, der Josef gesagt hat, er solle bei Maria bleiben. Und immer wieder das Ding mit Jungfrau, junge Frau und so. Und alles, was daraus geworden ist.“

„Ach je“, sagt Gott.

„Ich kann das nicht mehr gut hören“, sag ich. „Ich hab die ganzen Definitionen mit Jungfräulichkeit vor, während und nach der Geburt im Kopf und dann denk ich, das kann es echt nicht sein.“

Gott guckt.

„Hättest du das nicht anders schreiben lassen können?“, frag ich.

Gott zieht die Augenbraue hoch.

„Ja, ich weiß, das war in eine andere Zeit hinein geschrieben und du hast es auch nicht selbst geschrieben“, sag ich. „Macht's für heute nicht besser.“

„So ist das mit Geschichten“, sagt Gott.

„Ich mag das auch nicht immer wieder da unter dem Ballast herausschälen, was gemeint sein könnte“, sag ich.

„Du bist echt ganz schön angefressen“, sagt Gott.

„Ja“, sag ich. „Mir sagt das so gar nichts schönes mehr.“

„Aber eigentlich gibt's darin alles, was es für eine gute Geschichte braucht“, sagt Gott. „Liebe, Mut, einen Engel und sogar ein Baby.“

„Wenn du das so sagst, klingt es gleich viel besser“, sag ich.

„Siehst du“, sagt Gott.

„Als kleines katholisches Mädchen vom Niederrhein war das für mich so klar, dass da vor der Hochzeit nichts gelaufen war“, sag ich. „Das wäre viel unvorstellbarer gewesen als eine Jungfrauengeburt.“

Gott lacht.

„A propos Niederrhein“, sagt Gott, „magst du ein Alt?“

Gott zieht zwei Flaschen aus dem Umhängebeutel und hält mir eine hin.

Ich lache auch. „O.k.“, sag ich. „Danke. Und Prost.“

„Auf das Leben“, sagt Gott und stößt meine Flasche sachte an.

„Komisch“, sag ich nach einer Trinkpause, „beim Sterben haben wir so gar nicht den Bedarf, zu erzählen, dass du davon nicht richtig betroffen gewesen wärst. Aber bei der Geburt denken wir, bloß nicht zu realistisch werden.“

„Na komm“, sagt Gott, „das kennst du doch. Vom Geborenwerden erzählt ihr immer in Geschichten. Was es bedeutet hat und so.“

„Du meinst sowas wie, dass Schnee gefallen ist in der Nacht oder dass die Glocken geläutet haben, und nicht wieviel Uhr es genau war?“, frag ich. „Oder dass das Baby so große Augen hatte?“

„Zum Beispiel“, sagt Gott.

„Das erzählt sich auch besser als alle Einzelheiten“, sag ich. „Wenn man die überhaupt noch auf die Kette kriegt.“

„Siehst du“, sagt Gott. „So anders macht der Matthäus das auch nicht.“

„Wenn du das so sagst, klingt das total einfach“, sag ich.

„Ist es ja auch“, sagt Gott.

„Wie war das nochmal, Liebe, Mut und ein Engel?“, frag ich.

„Und ein Baby“, sagt Gott.

„Ja“, sag ich. „Danke.“

„Damit kommst du klar, oder?“, fragt Gott.

„Ich glaub schon“, sag ich.

„Dann hab's mal gut“, sagt Gott. „Die Flaschen lass ich dir hier, o.k.?“

„O.k.“, sag ich.

„Und einen schönen vierten Advent“, sagt Gott.

„Dir auch“, sag ich. „Bis bald mal wieder. Und Amen.“

Zum Schluss

„Gut, dass du nochmal vorbeigekommen bist“, sag ich.

„Warum genau?“, fragt Gott.

„Weil, noch ein Buch ohne Printen, das wäre echt schade gewesen“, sag ich. „Hier, bitte.“

Ich halte Gott die Blechdose mit den Printen hin.

„Gut, dass du daran gedacht hast“, sagt Gott. „Danke.“

„Als Kind mochte ich die nicht“, sag ich und nehme mir auch eine Printe. „Die waren so hart und gar nicht nur süß.“

„Gut, dass du jetzt an einem anderen Punkt bist“, sagt Gott.

„Ja“, sag ich und beiße von der Printe ab. „Hab ich mir als Kind nicht vorstellen können, dass ich Printen mal wirklich mögen würde.“

„Ich weiß“, sagt Gott.

„Gut zu wissen“, sag ich. „Weißt du auch, was noch alles kommt?“

Gott kaut noch. „Möglich“, sagt Gott dann.

„Hätte ich mir denken können“, sag ich.

„Ja“, sagt Gott.

„Aber Printen halten sich, also wird zumindest erstmal keine printenlose Zeit kommen“, sag ich.

„Heimatland“, sagt Gott.

„Den Rest überlasse ich dir“, sag ich.

„Und ich dir“, sagt Gott.

„Unentschieden also“, sag ich.

„Eine gute Zusammenfassung“, sagt Gott. „Dann habs mal gut.“

„Danke“, sag ich. „Bis bald mal wieder. Und Amen.“

Glossar

KoMV

Die KoMV ist die Konferenz der Jugendverbände im Bistum Aachen (früher: „Mitgliedsverbände“, daher die Abkürzung), die viermal im Jahr tagt und bei der die Diözesanleitungen der Kinder- und Jugendverbände mit dem BDKJ-Vorstand zusammenkommen. Es ist ein wichtiges unterjähriges Beschlussgremium, bei dem alle Themen beraten werden, zu denen der BDKJ die Verbände vertritt, besonders, wenn es keine Beschlusslage dazu gibt, also keine Beschlüsse der Diözesanversammlung, aus denen der BDKJ-Vorstand den Inhalt seiner Vertretungsarbeit ableiten kann. Ich kannte dieses Gremium vor Beginn meiner ersten Amtszeit nur von einem Termin her, bei dem ich mich als Kandidatin vorgestellt hatte, und kann im Nachhinein sagen, dass ich in diese Arbeit hineingewachsen bin – und dass ich bei meiner ersten KoMV über einige Themen, die ich dort zu verantworten hatte, noch keinen guten Überblick hatte ... zurückhaltend formuliert.

Münsterplatz in Aachen/Vinzenzbrunnen

Der Münsterplatz in Aachen ist ein guter Ort für ein Gespräch mit Gott, und die Blüte der Magnolie vor dem Dom ist ein Motiv, das fest zum Frühling in Aachen gehört. Auf dem Münsterplatz steht der Vinzenzbrunnen, ein Trinkwasserbrunnen und gleichzeitig ein religiöses Bauwerk in Form eines viereckigen Turms: In der zum Dom zeigenden Seite steht eine Marienfigur, weil der Dom ja eine Marienkirche ist, auf der gegenüberliegenden Seite steht die Figur des hl. Vinzenz von Paul, weil dieser im katholischen Heiligenkalender der Patron der Krankenpflege ist und diese Brunnenseite früher zu dem aus dem Elisabethkrankenhaus hervorgegangenen Städtischen Armenspital wies. Heute steht an dieser Stelle das Haus der Sparkasse Aachen. Die anderen Seiten zieren der Erzengel Michael und der heilige Foillan, dem die Bürger*innenkirche neben dem Dom geweiht ist.

ND – Bund Neudeutschland

Der „Bund Neudeutschland" wurde nach dem Ersten Weltkrieg als katholischer Schüler- und Studentenverband ge- und nach 1945 wiedergegründet. Er verband die aus der Lebensreformbewegung stammenden Ideale der bündischen Jugend – Natürlichkeit, Einfachheit, Gemeinschaft – mit jesuitischer Prägung und einem intellektuellen Profil. Der rein männliche Verband hatte sein Pendant für Mädchen und Frauen im „Heliand Mädchenkreis". Heute heißt der Bund „ND – Christsein. heute", aus ihm ist die heute koedukative „Katholische Studierende Jugend" hervorgegangen, ursprünglich die „Katholische Studierende Jugend – Schülergemeinschaft im Bund Neudeutschland", die heute noch als eigenständiger Jugendverband besteht und enge Kontakte zu ihrem Älterenverband pflegt. Der ND veranstaltet jährlich ein Jahrestreffen in Form eines Kongresses – mit Vorträgen, Seminaren und Diskussionen.

→ https://www.nd-netz.de/
→ https://bundesamt.ksj.de/

Rolleferberg/Rollef

Die Jugendbildungsstätte des BDKJ Aachen: ein Tagungshaus im Süden von Aachen für außerschulische Bildungsarbeit, für soziales und ökologisches Lernen, für Freizeiten und für Verbandstreffen. Die Leitung der Jugendbildungsstätte Rolleferberg liegt in der Verantwortung des BDKJ Aachen. Traditionell finden die Diözesanversammlungen des BDKJ hier statt.

⇢ https://www.rolleferberg.de

Streuselbrötchen

Aachener Gebäckspezialität, nicht ganz so bekannt wie die Aachener Printen. Anders als Printen sind Streuselbrötchen kein Dauergebäck, sondern schmecken frisch am besten: Auf einer Basis aus süßem Hefeteig kubbeln sich fettig-süße Streusel.